Ludwig Erhards Soziale Marktwirtschaft:
Erbe und Verpflichtung.
40. Symposion der Ludwig-Erhard-Stiftung

Ludwig Erhards Soziale Marktwirtschaft: Erbe und Verpflichtung

40. Symposion der Ludwig-Erhard-Stiftung

11. Juni 1997 in Bonn

Die Deutsche Bibliothek – CIP-Einheitsaufnahme

Ludwig Erhards Soziale Marktwirtschaft:
Erbe und Verpflichtung.
Mit Beitr. von Roman Herzog ... Red.: Horst Friedrich Wünsche. –
Krefeld: SINUS-Verlag, 1997
(Symposion / Ludwig-Erhard-Stiftung; Band 40) ISBN 3–88289–413–X

© SINUS-Verlag GmbH, Krefeld 1997
Alle Rechte vorbehalten
Satz: Fotosatz Froitzheim, Bonn
Druck: Stammes KG, Tönisvorst
Printed in Germany
ISBN 3–88289–413–X

Inhalt

Begrüßung

Prof. Dr. Otto Schlecht

Sehr verehrter Herr Bundespräsident! Ich begrüße Sie sehr herzlich zum 40. Symposion der Ludwig-Erhard-Stiftung. Sie sehen am vollen Haus, wie groß das Interesse der Mitglieder, der Freunde und der Förderer der Ludwig-Erhard-Stiftung, aber darüber hinaus auch einer breiten Öffentlichkeit an Ihrer heutigen Rede ist.

Meine sehr verehrten Damen! Meine Herren! Es käme einem aussichtslosen Unterfangen gleich, alle begrüßenswerten Persönlichkeiten persönlich willkommen zu heißen. Ich möchte mich deshalb beschränken und begrüße vor allem die Teilnehmer an der anschließenden Podiumsdiskussion: Professor Watrin, Professor Klump, die Herren Bundestagsabgeordneten Friedrich Merz und Siegmar Mosdorf sowie Herrn Kurt Steves und unseren Schlußredner Fritz Ullrich Fack. Ich bitte alle übrigen Anwesenden um Verzeihung und Verständnis, wenn ich sie pauschal sehr herzlich willkommen heiße.

Am 4. Februar diesen Jahres wäre Ludwig Erhard 100 Jahre alt geworden. Aus diesem Anlaß wurde in zahlreichen Reden, Beiträgen und Veranstaltungen die Bedeutung Erhards für Deutschland hervorgehoben. Es wurden die neuen Herausforderungen für unsere Gesellschafts- und Wirtschaftsordnung diskutiert. Es wurde über die Stärkung der Prinzipien der Sozialen

Marktwirtschaft nachgedacht. Auch die von Erhard gegründete Stiftung und ich selbst haben sich daran intensiv beteiligt.

Es war bemerkenswert und erfreulich zugleich, daß bei dem, wie ich es zu nennen pflege, Ludwig-Erhard-Marathon nicht nur Denkmalspflege betrieben wurde, sondern primär Antworten auf aktuelle und zukunftsorientierte Fragen gesucht wurden. Es wurde gefragt: Was lehrt uns Ludwig Erhard heute? Wie können wir sein bewährtes Konzept auch zum Erfolgsmodell für das nächste Jahrhundert machen? In diesem Sinne ist Ihr Besuch, Herr Bundespräsident, ganz zweifellos der Höhepunkt unseres Erhard-Jahres. Ich danke Ihnen herzlich, daß Sie zur Erneuerung der Sozialen Marktwirtschaft zu uns sprechen werden.

Sie haben bereits vor einigen Monaten betont, daß Sie sich in der zweiten Hälfte Ihrer Amtszeit besonders bei diesem Thema engagieren wollen. Sie stellen für Deutschland die entscheidende Frage: Wie muß unsere Gesellschaft verändert werden, wie müssen wir uns alle ändern, damit der Aufbruch Deutschlands ins 21. Jahrhundert mit Ludwig Erhards Devise „Wohlstand für alle" gelingt?

Die Ludwig-Erhard-Stiftung bereitet seit Jahren den Boden für die Erneuerung und Stärkung freiheitlicher und marktwirtschaftlicher Prinzipien in Deutschland und in Europa. Wir sind Ihnen, Herr Bundespräsident, deshalb ausgesprochen dankbar, daß Sie gerade in der Zeit des gesellschaftlichen und wirtschaftlichen Umbruchs und der Unsicherheit neue Orientierungen geben.

Sie belassen es nicht dabei, Finger in Wunden zu legen. Vielmehr zeigen Sie auch Visionen als „Strategien des Handelns" auf. Visionen haben bereits in der Vergangenheit erfolgreiche Entwicklungen angestoßen: Die Vision der Sozialen Marktwirtschaft hat das zerstörte Westdeutschland zu „Wohlstand für alle" geführt. Die Vision von einem Leben in Freiheit hat letztendlich im Herbst 1989 die Ost-West-Blockbildung überwunden.

In Berlin haben Sie Ihre Vision von der deutschen Gesellschaft im Jahre 2020 dargelegt. Um diese Vision Realität werden zu lassen, bedarf es der Erneuerung unserer Wirtschafts- und Gesellschaftsordnung. Vor allem den Arbeitslosen und den von Arbeitslosigkeit bedrohten Menschen ist Erfolg Ihrer Initiative zur Erneuerung der Sozialen Marktwirtschaft zu wünschen. Bei Ihren kürzlichen Anmerkungen zur Herausforderung der Globalisierung haben Sie gesagt: „Es gilt, die Prioritäten zu überdenken. Sozial ist im Zeitalter der Globalisierung vor allem, was Arbeitsplätze schafft." Dem stimmen wohl alle hier Anwesenden zu.

Herr Bundespräsident, ich darf Sie bitten, uns, den Bürgern und den Verantwortlichen in Politik, Wirtschaft und Gesellschaft Ihre grundsätzlichen Wegweisungen zur Erneuerung der Sozialen Marktwirtschaft aufzuzeigen.

Im Zweifel für den Wettbewerb
Im Zweifel für die Freiheit
Mit der Sozialen Marktwirtschaft in die Zukunft

Bundespräsident Prof. Dr. Roman Herzog

Lieber Herr Schlecht!

Meine sehr verehrten Damen und Herren!

Ich freue mich, auf dem Symposion zu Erbe und Verpflichtung von Ludwig Erhards Sozialer Marktwirtschaft zu sprechen. Wenn die Zukunft und Innovationsfähigkeit einer Gesellschaft zur Überlebensfrage geworden ist, dann gehört die Reform der Sozialen Marktwirtschaft unabdingbar dazu.

Dabei geht es mir heute nicht darum, die Soziale Marktwirtschaft und ihre Väter rückblickend zu würdigen, obwohl wir allen Anlaß haben, Ihnen dankbar zu sein. Mir geht es vielmehr um die Frage: Welchen Weg gehen wir Deutschen gerade auch bei der Reform der Sozialen Marktwirtschaft?

Auch die Soziale Marktwirtschaft ist ja kein Monument oder gar ein unabänderliches Dogma. Das schon deshalb nicht, weil die Väter der Sozialen Marktwirtschaft manche Fragen automatisch ganz anders sehen mußten, als wir es heute tun, und weil sie manche Fragen noch gar nicht kennen konnten, weil es sie damals noch nicht gab. Umweltprobleme wurden allenfalls auf lokaler oder regionaler Ebene wahrgenommen. Es ist ja die Wahrheit, daß unsere Flüsse im Jahre 1945 sauberer waren als jemals vorher und nachher, weil es eben keine Fabriken gab, die sie verschmutzt hätten. Die neuen dynamischen Wettbewerber befanden sich damals nicht in Asien und auch nicht in Mittel- und Osteuropa, sondern sie befanden sich in Deutschland bei uns. Und Computer wie Informationstechnik waren zwar erfunden, steckten aber noch nicht einmal in den Kinderschuhen. Auch die Soziale Marktwirtschaft in Deutschland muß deshalb reformierbar sein und muß sich veränderten Rahmenbedingungen anpassen. Und es beginnt sich etwas zu verändern in Deutschland. Innovation ist zu einem Hauptthema der gegenwärtigen politischen Diskussion geworden, wenn ich auch nicht sicher bin, ob sich jeder das gleiche darunter vorstellt wie alle anderen. Das Klima der Innovation beginnt sich zu verändern. Niemand will zwar unüberlegte Veränderungen. Aber es wird doch zunehmend schwieriger, gegen Veränderungen zu sein. Allen wird klar, oder sollte ich sagen klarer, was der DGB-Vorsitzende Dieter Schulte kürzlich auf die Formel gebracht hat: „Das Festhalten am Althergebrachten hilft nicht weiter." Wichtige Vertreter von Einzelgewerkschaften haben ihn unterstützt.

Was müssen wir tun, um die Soziale Marktwirtschaft wiederzubeleben? Was können wir hierzu von Ludwig Erhard lernen? Vor allem aber: Was können wir aus den zahlreichen, um nicht zu sagen zahllosen, Symposien zu seinem 100. Geburtstag lernen, von denen Herr Schlecht soeben gesprochen hat?

Kommen wir mit der Sozialen Marktwirtschaft auf sicherer Grundlage ins 21. Jahrhundert? Ist sie noch ein geeignetes Konzept, um den bekannten Herausforderungen standzuhalten: der allumfassenden Globalisierung, der weltweiten Vernetzung durch die Informationstechnologie, den bahnbrechenden Innovationen in der Bio- und Gentechnologie, den neuen Werkstoffen, den globalen ökologischen Problemen? Im internationalen Leistungsvergleich – das wird niemand in Abrede stellen können – sind wir zurückgefallen. Kein Wunder, daß die ausländischen Investitionen in Deutschland zurückgehen. Aber wir könnten uns doch einmal fragen. ob das wirklich auch so sein und bleiben muß.

Natürlich legen Arbeitslosigkeit, Innovationsdefizite, angeblicher Sozialabbau, Verbändestaat und Reformstau in vielen Bereichen den Eindruck nahe, daß die Soziale Marktwirtschaft an die Grenzen ihrer Leistungsfähigkeit stößt oder schon gestoßen ist. Umfragen, wie das bei uns so ist, tun das ihrige dazu. Wenn man an sie glaubt, schrumpft das Vertrauen in die Soziale Marktwirtschaft schon im Westen, vor allem aber im Osten unseres Landes. Ich sage hier ganz bewußt: wenn man ihnen glaubt. Denn ich zweifle an manchem, was und wie da gefragt wird. Gar nicht an den Antworten, sondern schon an den Fragen. Fragt man nämlich – und das ist so üblich –, ob die Soziale Marktwirtschaft unsere Probleme lösen kann, und versteht der Befragte dann, wie ich es auch tun würde, darunter ganz allgemein die Lösung aller unserer Probleme, so ist das ganze Umfrageergebnis schon nichts mehr wert. Denn es wirft die, die dem System als solchem kritisch gegenüberstehen, und die, die es nur nicht für alleinseligmachend halten, in einen Topf. Und wer würde es für alleinseligmachend halten?

Ich habe übrigens noch einen anderen Grund für meinen Zweifel an den Ergebnissen solcher Umfragen. Wer der Marktwirtschaft – und das heißt ja doch der freien Gesellschaft – wenig Problemlösungskapazität zutraut, der müßte sein Heil dann doch eigentlich vom Staat erwarten. Aber dort sind, wie jedermann weiß, die Umfrageergebnisse nicht anders. Ich meine jetzt nicht die sogenannte Parteienverdrossenheit, sondern das, was im Augenblick als Institutionenkrise durch die Gazetten geistert.

Aber, meine Damen und Herren, neben Staat und Gesellschaft gibt es kein Drittes. Wenn an beiden gezweifelt wird, dann wäre die Folgerung doch wahrscheinlich, daß die Deutschen dabei sind, sich überhaupt aufzugeben. Und das zu glauben, habe ich heute eigentlich noch weniger Anlaß als vor der sogenannten Berliner Rede, die ich im übrigen heute bewußt nicht wiederholen oder auch nur kopieren will. Heute geht es mir eher um die geistige Fundierung unseres Gesamtsystems. Das verdient Ludwig Erhard nicht anders.

Es mag vor einem Zuhörerkreis wie Ihnen wie das Tragen von Eulen nach Athen wirken, aber vielleicht sollten wir uns doch wieder einmal auf die Grundvorstellungen der Sozialen Marktwirtschaft, ja auf die Grundideen der freien, offenen und zugleich sozialen Gesellschaft besinnen.

Die westlichen Gesellschaften – zumindest sie – sind seit etwa zwei Jahrhunderten in eine unaufhörliche, im Tempo von Generation zu Generation zunehmende Bewegung geraten. Immer neue Möglichkeiten werden eröffnet, alte wie neue Bedürfnisse werden auf diesem Wege gedeckt. Zugleich entstehen immer neue Fragen und immer neue Probleme und immer neue Bedürfnisse. Die technischen und organisatorischen Fähigkeiten des Westens werden in andere Teile der Welt exportiert und kommen von dort als Probleme wieder zurück, meist ganz einfach als Konkurrenz. Die veränderten Lebensbedingungen der Menschen – auch hierzulande – schaffen veränderte Bewußtseinslagen. Eine vervielfachte Lebenserwartung und ein explodierender Wissensstand auch der Massen erzeugen eine neue Sicht von der Welt und eine neue Sicht vom Menschen. Mit einem Wort: Die Gesellschaften der westlichen Welt – und ich wiederhole, nicht nur sie – sind das geworden, was man mit einem verbreiteten Schlagwort dynamische Gesellschaften nennt. Nicht weil sie selbst so dynamisch wären, sondern weil sie in Bewegung geraten sind.

Überlebensfähig ist unter solchen Umständen nur eine Gesellschaft, die imstande ist, neu entstehende Schwierigkeiten und Probleme so rasch und so vollständig wie möglich zu erkennen, sich auf sie einzustellen, Lösungen dafür zu entwickeln und diese dann auch in die Wirklichkeit zu übersetzen.

Man hat – im Osten wie im Westen – zeitweise geglaubt, diesem fundamentalen Problem durch die Mobilisierung und Zusammenballung des jeweils vorhandenen Sachverstandes in riesigen Bürokratien und Planungsstäben begegnen zu sollen. Dafür ließ sich in der Tat einiges ins Feld führen. Aber die Gegenargumente wiegen, wie wir heute wissen, ungleich schwerer. Ich erwähne nur das Beharrungsvermögen und die Schwerfälligkeit solcher Bürokratien, wenn es darum geht, bisherige Positionen über Bord zu werfen, das bisher „Undenkbare" doch zu denken und das „ganz andere" zu versuchen.

Deshalb werden Systeme, die mit polyzentraler Problem- und Entscheidungsfindung arbeiten, in aller Regel besser bestehen. Ihre Fähigkeiten, Probleme zu erkennen, Lösungen dafür zu suchen und zu finden und sie dann auch in die Realität umzusetzen, sind größer oder – sehr viel einfacher ausgedrückt – ihre Lernfähigkeit ist größer. Der Erfolg ist ihnen zwar auch nicht sicher; denn sicher ist im menschlichen Leben überhaupt nichts. Aber der Erfolg ist wahrscheinlicher als in jedem anderen System. Im allgemeinen wird man sagen können: Er ist viel wahrscheinlicher als in jedem anderen System.

Darin liegt die große Chance der offenen Gesellschaft. Man kann das – vorsichtig quantifizierend – auch so ausdrücken: Je mehr Personen, je mehr Einrichtungen, je mehr Wirtschaftsunternehmen sich am Aufspüren neuer Probleme und Bedürfnisse beteiligen und je mehr sich an ihrer Lösung bzw. bei den Bedürfnissen an ihrer Befriedigung versuchen, desto größer wird auch die Wahrscheinlichkeit, daß beides wirklich erreicht wird.

Sie werden ohne große Mühe erkennen, daß es dieses Denkmodell ist, das der Idee der Marktwirtschaft zugrunde liegt. Aber seine Gültigkeit beschränkt sich eben nicht auf die Welt der Wirtschaft. Die alten liberalen Grundrechte, die die Freiheit des Denkens und Diskutierens schützen, sie kommen aus dem gleichen Geist: die Freiheit der Presse und der Massenmedien, die Freiheit von Wissenschaft und Forschung. Die ganze öffentliche Meinungsbildung findet letztlich in einem Markt der Meinungen statt, auf dem die Konkurrenz, die es im wirtschaftlichen Bereich gibt, durch den Diskurs ersetzt wird, die Qualität des Angebots durch die Überzeugungskraft der Argumente und schließlich der Marktpreis durch die Akzeptanz bei den Bürgern. Wiederum ist leicht zu erkennen, wovon ich hier spreche. Ich spreche ganz einfach von der freiheitlichen Demokratie im ganzen.

Dennoch ist natürlich die Wirtschaft zum Hauptanwendungsgebiet unseres Gesellschaftsmodells geworden, seit Adam Smith 1776 sein klassisches Werk über den „Wohlstand der Nationen" schrieb. Das Prinzip der Marktwirtschaft ist daher nicht, wie oft behauptet wird, nur zum Schutz und zur Privilegierung der Unternehmer erdacht und durchgesetzt worden, sondern vor allem auch deshalb, weil man sich von einer Wirtschaftsordnung, in der jedermann zunächst einmal seine eigenen Interessen verfolgt, zugleich die bestmögliche Lenkung der Güterströme oder – allgemeiner formuliert – die größte Problemlösungskapazität versprach.

Wer diese Ausführungen hört, der wird mit Recht sagen, ich hätte bisher nur die Marktwirtschaft, nicht aber die Soziale Marktwirtschaft zu begründen versucht. Das trifft zu, aber es ist natürlich keine Wertung. Hier ist vor allem an Ludwig Erhard und seine Mitstreiter zu erinnern, die nicht müde geworden sind, dafür einzutreten, daß die Früchte unseres Wirtschaftssystems eben nicht nur einigen wenigen, sondern allen Bürgern zukommen und auch zugute kommen müssen. „Wohlstand für alle", wie sie es genannt haben, war für sie nicht nur ein Gebot der politischen Klugheit, der Taktik gewissermaßen, sondern es war die ethische Basis schlechthin, von der aus und für die sie gekämpft und argumentiert haben.

Ich will darauf verzichten, hier wieder einmal die großen Erfolge aufzuzählen, die sie dabei errungen haben und von denen wir – bei allen Zwängen und Unsicherheiten, in denen wir leben – auch heute noch zehren. Aber ich will doch in unser aller Gedächtnis zurückrufen, daß das, was man die „soziale Komponente der Marktwirtschaft" nennt, für sie eben keine schöne Zutat zu diesem Wirtschaftssystem, sondern seine eigentliche Rechtfertigung war, und daß es vor allem auf vier Wegen erreicht wurde, die wir uns einmal wieder vor Augen halten sollten, weil sie heute auch sämtlich wieder in der Diskussion stehen.

Der erste dieser Wege – Herr Schlecht sagte es bereits – heißt Arbeitsmarktpolitik, um es genau zu sagen, Vollbeschäftigungspolitik. Das betrachten wir heute als eine Utopie. Aber warum sollen wir eigentlich darauf verzichten, dieses Ziel immer wieder zu nennen und zu versuchen, diesem Ziel soweit wie möglich nachzukommen? Es bleibt dabei, daß eine erfolgreiche Arbeitsmarktpolitik immer noch die beste Sozialpolitik ist. Und hier sind tatsächlich alle gefordert: nicht nur der Staat – von dem ich überhaupt nicht sehe, wie er Arbeitsplätze schaffen sollte –, sondern ebenso die Sozialpartner, deren Beitrag für das Ganze bei allen Schwierigkeiten, die ich keinen Augenblick leugnen möchte, immer wieder eingefordert werden muß.

Der zweite Weg hängt eng damit zusammen. Es war die Lohnpolitik, die heute natürlich auch auf dem Prüfstand steht, die in den vergangenen Jahrzehnten aber doch Erstaunliches geleistet hat. Man mag über Einzelheiten durchaus streiten, und es können recht beträchtliche Einzelheiten sein, über die man streiten kann. Aber die Leistungen der beiden Sozialpartner auf diesem Feld werden heute aufs Ganze gesehen viel zu wenig anerkannt, vor allem auch sehr viele besonnene Lohnabschlüsse der letzten Jahre.

Den dritten Weg, von dem ich hier sprechen möchte, bezeichnen wir meist als das soziale Netz, das wir in den vergangenen Jahrzehnten geknüpft haben. Ich kann mich hier kurz fassen, denn die wesentlichen Stichpunkte kennt jeder: die drei klassischen Zweige der Sozialversicherung, in den zwanziger Jahren noch durch die Arbeitslosenversicherung und in jüngster Zeit durch die Pflegeversicherung ergänzt. In den gleichen Kontext gehört aber, wenn auch aus gänzlich anderen historischen Wurzeln kommend, die Sozialhilfe.

Der vierte Punkt wird im allgemeinen weniger beachtet. Die Reihe der staatlichen Leistungen, von denen der Bürger profitiert, ist nämlich in Wirklichkeit sehr viel länger als das, was ich bisher aufgezählt habe. Konzentriert man sich nur auf kostenlose Leistungen des Staates, so ist hier etwa die Verkehrsinfrastruktur zu erwähnen, also Autobahnen, Straßen, Plätze und Brücken. Das gibt es bei uns alles kostenlos in hervorragender Ausführung. Dasselbe gilt für die größten Teile des Bildungswesens, vor allem die allgemeinen und berufsbildenden Schulen, die Hochschulen und Universitäten. Berücksichtigt man daneben Einrichtungen, die zwar Gebühren erheben, aber von vornherein mit staatlichen Zuschüssen oder zumindest mit der staatlichen Abdeckung schon eingebauter Defizite rechnen, dann erweitert sich das Spektrum noch einmal um ein Vielfaches: Kliniken und Rettungssysteme, Kindergärten, alles, was im öffentlich-rechtlichen Bereich der Massenmedien existiert, Weiterbildungsinstitutionen, Verkehrsbetriebe aller Art, die Betriebe der Wasserversorgung, der Abwasserentsorgung und der Müllbeseitigung, nicht zuletzt Museen, Theater, Orchester usw. Die finanziellen und personellen Aufwendungen, die Bund, Länder und Kommunen für alle diese Aufgaben erbringen, sind gewaltig, und ähnliches gilt auch von dem Niveau, das ihre Erfüllung mittlerweile erreicht hat. Es besteht da ein Netz von Nützlichkeiten, aber auch von Bequemlichkeiten, das heute zur Normalausstattung des Bürgers, oder man kann auch sagen, zur Normalausstattung der Gesellschaft gerechnet wird und das dem sozialen Netz in engerem Sinne an Bedeutung ohne weiteres zur Seite gestellt werden kann.

Sie merken, daß es hier um einen Punkt geht, der für mich sehr wichtig ist und der mir viel zu wenig angesprochen wird. Denn gerade deswegen, weil es diesen vierten Punkt gibt, ist es für mich so absurd, wenn unserem gesellschaftlichen System oft vorgeworfen wird, es gewähre zwar die uneingeschränkte Freiheit, bei der Gleichheit beschränke es sich aber auf eine mehr oder weniger auf dem Papier stehende Chancengleichheit. Bei den Leistungen zumindest, von denen ich soeben gesprochen habe, handelt es sich um keine Chancengleichheit, sondern um ganz handfeste Realitäten. Übrigens gibt es bei uns auch keine „Freiheit pur", um das bei der Gelegenheit wenigstens zu erwähnen. Dafür sorgt schon unsere weitverzweigte – manche, mich eingeschlossen, sagen nicht ganz zu Unrecht –, unsere weithin übertriebene Rechtsordnung. Ich sehe nicht ein, warum wir uns auf diese formelhaften Angriffe immer wieder einlassen, statt sofort argumentativ zurückzuschlagen.

Es wird Ihnen gewiß nicht entgangen sein, wovon ich hier eigentlich rede. Betrachtet man die Dinge vom Standpunkt der Wirtschaft aus, so lassen sich Punkt eins Arbeitsmarktspolitik und Punkt zwei Lohnpolitik unter dem Schlagwort Lohnkosten zusammenfassen, Punkt drei und vier aber unter dem Schlagwort Lohnnebenkosten, oder wie immer man dieses Ungetüm bezeichnen will, wenn hier bei genauerer Klassifizierung auch die eine oder andere Korrektur anzubringen wäre, etwa bei den Kosten des Umweltschutzes.

Diese vier Elemente sind es auch, die im Ablauf der gesamtwirtschaftlichen wie der gesamtgesellschaftlichen Prozesse immer wieder aufs neue austariert werden müssen, unter sich und vor allem zu der entscheidenden fünften Größe, nämlich zu dem Spielraum, der den Unternehmen selbst verbleiben muß. In einem dieser Prozesse befinden wir uns gegenwärtig, und es erübrigt sich deshalb, davon zu sprechen, wie schwierig und belastend solche Vorgänge sind. Wir erleben es ja täglich.

Der entscheidende Ansatzpunkt ist natürlich, um das vorwegzunehmen, daß diese fünf Punkte nicht alle gleich groß sein können, daß man nicht auf jeden der Punkte 20 Prozent des Bruttosozialprodukts verteilen kann. So ist das nicht gemeint. Der entscheidende Ansatzpunkt im übrigen wird aber immer die Höhe der Staatsquote sein. Wenn mehr als 50 Prozent unseres Bruttosozialprodukts durch staatliche oder sonst öffentliche Hände gehen, so ist das Maß des Erträglichen deutlich überschritten. Diese permanente Ausweitung der Staatstätigkeit hat nicht nur zu einer kritischen Lage der öffentlichen Finanzen geführt. Sie hat, was mir wesentlich verheerender erscheint, mit ihrem massiven Zugriff auf die Einnahmen der Bürger auch deren Möglichkeit zur Eigenverantwortung und Eigeninitiative erheblich geschwächt. Sie hat ihnen, um es ganz primitiv zu sagen, Freiheit entzogen. Das gilt nicht nur für die Unternehmen, aber es gilt natürlich ganz besonders für sie. Auch unsere Arbeitslosigkeit kommt ja nur zum einen Teil von Technisierung und Globalisierung, zum anderen aber kommt sie von zuviel staatlicher Wirtschaft oder zuviel staatlichem Abschöpfen.

Mir ist sehr wohl bewußt – das wird oft vergessen und wahrscheinlich noch öfter verschwiegen –, daß die Bundesrepublik in den achtziger Jahren durchaus auf dem richtigen Weg war und dabei schon erhebliche Erfolge erzielt hatte. Mir ist auch bewußt, wie sehr sich das alles durch die auch von mir unterschätzten Kosten der Wiedervereinigung wieder umgekehrt hat und wieviel Zeit und Mühe es kosten wird, den Trend erneut umzukehren. Aber die Diagnose wird dadurch nicht falsch, meine Damen und Herren, und am Ziel darf es keinen Zweifel geben. Übrigens auch nicht an der Entschlossenheit, es immer wieder aufs neue zu versuchen und immer wieder aufs neue anzusteuern. Freiheit ist ganz gewiß mehr als die Verfügung über Geld. Aber gerade im wirtschaftlichen Bereich gilt doch auch und vorrangig, daß Geld die erste Voraussetzung für freie Entscheidung und damit für erfolgreiches Wirtschaften ist, und zwar eben wiederum nicht nur im Interesse des Unternehmers, auch nicht nur im Interesse seiner Arbeitnehmer, sondern insgesamt im Interesse des Ganzen.

Wir würden uns nachgerade selbst aufgeben, wenn wir uns darauf beschränken wollten, das jeweils vorhandene Sozialprodukt auf die von mir genannten vier Felder neu zu verteilen und den verbleibenden Rest der unternehmerischen Disposition zu überlassen. Ich will es etwas salopp ausdrücken: Das einzelne Kuchenstück wird nicht nur dann größer, wenn es zu Lasten der anderen zunimmt, sondern es wird vor allem auch dann größer, wenn es gelingt, den Kuchen als Ganzes größer zu machen. Und damit sind wir beim Thema Wachstum.

Die Zeiten sind vorbei, in denen sich Teile unserer Gesellschaft an Vorstellungen wie „Nullwachstum" oder gar „Minuswachstum" förmlich berauschen konnten. Seit die Wachstumsraten tatsächlich immer kleiner geworden sind, hört man solche Wortungetüme nur noch selten. Mich erinnert das an den Kinderreim: „Fürchtet ihr den schwarzen Mann? Nein, nein, nein! Wenn er aber kommt, dann laufen wir davon." Als die Wachstumsraten wirklich kleiner geworden sind, hat keiner mehr von „Null-" oder gar von „Minuswachstum" sprechen mögen. Man wird also heute wieder darüber nachdenken dürfen, ob und wie es uns möglich sein wird, wieder zu mehr Wachstum zu kommen.

Das erste ist hier – neben der schon erwähnten Senkung der Staatsquote, zu der ich nicht mehr sagen will –, den vorhandenen Unternehmen wieder mehr Spielraum zu geben, damit sie die in ihnen gespeicherten kreativen Kräfte auch wieder entfalten können. Mehr Spielraum aber heißt im Klartext mehr unternehmerische Freiheit. Offene Gesellschaft und Soziale Marktwirtschaft gehören zusammen, das sagte ich bereits. Aber eine Gesellschaft, in der alljährlich Hunderte von neuen Regelungen, Gesetzen und Verordnungen entstehen, ist in Wirklichkeit nicht mehr offen. Und daß daran nicht nur Bonn schuld ist, sondern auch Brüssel und das gegenseitige Zusammenspiel, das kann uns nicht hindern, festzustellen: Wir können uns das auf die Dauer nicht leisten.

Eine Marktwirtschaft, in der zu jedem Vorhaben Unmengen von Genehmigungen, Subventionen und unter Umständen sogar staatlichen Beteiligungen nötig sind, ist ebensowenig eine offene Gesellschaft. Und eine Gesellschaft, deren Steuersystem einerseits immer undurchschaubarer wird und andererseits durch übertrieben hohe Tarife und ganze Batterien von legalen und illegalen Ausweichmöglichkeiten bestimmt ist, kann auf die Dauer auch nichts anderes für sich in Anspruch nehmen.

Dasselbe gilt, um nur ein weiteres Feld herauszugreifen, für den Arbeitsmarkt. Auch das Arbeitsrecht ist – wie auch in allen anderen Fällen, aus wohlgemeinten Gründen meistens – in Teilen zu einem Gebiet geworden, auf dem es kaum mehr möglich ist, neue Problemlösungen, neue Flexibilitäten, neue Formen der Rücksichtnahme auf die draußen vor der Tür Stehenden zu erdenken und zu realisieren. Ich will gar nicht generell vom Flächentarifvertrag sprechen. Aber soviel ist doch gewiß: Die Tarifpolitik muß – auf welchem Wege auch immer – betriebsnäher werden. Es ist besser, den Wettbewerb der Unternehmen, der Arbeitenden und der Arbeitslosen in geregelten Bahnen zuzulassen, als unser Tarifvertragssystem, das sich im ganzen ja durchaus bewährt hat, durch Untätigkeit insgesamt zu gefährden. Ich sehe mit Freude, daß sich in letzter Zeit hier wenigstens einiges in Bewegung gesetzt hat.

Weiterhin kommt es darauf an – das sind alles keine Neuigkeiten, die ich Ihnen hier verkünde –, die Zahl der Unternehmen so weit wie möglich zu erhöhen, damit sich das System auch von dieser Seite reformieren kann. Ich erinnere an die Wahrscheinlichkeitsrechnung, die ich vorher angestellt habe. Was dazu zu sagen ist, ist oft genug gesagt worden; ich will es hier nicht wiederholen. Auch hier geht es wieder um den Abbau behindernder Vorschriften, sodann aber um die Ausstattung junger Unternehmen mit dem dringend notwendigen Eigenkapital, sei es mit staatlicher Unterstützung oder mit staatlich ermutigtem Privatkapital oder was immer.

Aber das will ich hinzufügen: Andere Hindernisse, die heute der Existenzgründung entgegenstehen, kann auch der beste Staat allein nicht selbst beseitigen, etwa die Opfer an Geld, an Freizeit, an Familienleben, an Sorgenfreiheit, die ein Leben als Unternehmer eben mit sich bringt. Und auch nicht beseitigen läßt sich durch den Staat der Neid der Umwelt, wenn sich dann der Erfolg einstellt, und die Schadenfreude, wenn einmal der Erfolg nicht eintritt. Hier ist ein Umdenken der ganzen Gesellschaft notwendig. Ich frage mich immer, warum die Unternehmer, gerade die jüngeren und kleinen und mittleren Unternehmer, das nicht täglich einzufordern versuchen.

Das war natürlich nur der Blick nach innen, der mit Sicherheit notwendig ist und den ich hier nur in den gröbsten Umrissen unternehmen konnte. Aber wie steht es jetzt nach außen, im internationalen Wettbewerb?

Die Tatsache, daß es heute keine verschiedenen Nationalökonomien gibt, sondern nur noch eine einzige, mehr oder weniger globalisierte Weltwirtschaft, setzt die deutsche Wirtschaft auch der Konkurrenz solcher Länder aus, die entweder überhaupt nicht oder doch sehr viel weniger sozialstaatlich orientiert sind als die Bundesrepublik Deutschland. Es mag hier unentschieden bleiben, ob sich das an der Höhe der Löhne, an der anderen Bewertung der Familie als sozialer Sicherheitsbasis, an einem niedrigeren allgemeinen Lebensstandard oder an allen diesen Elementen gleichzeitig festmacht. Fest steht jedenfalls, daß der Wohlstand, den unser Land sich in den vergangenen Jahrzehnten erarbeitet hat, in dieser Situation nur durch außerordentliche Anstrengungen bewahrt werden kann, und dazu gibt es, zumindest denkgesetzlich, wiederum nur zwei Wege.

Der erste bestünde natürlich in der Absenkung der Sozialkosten auf das Niveau unserer Konkurrenten. Was immer man über den notwendigen Umbau des deutschen Sozialstaates und über seine schon aus demographischen Gründen erforderlichen Modifikationen denken mag, das steht doch jedenfalls fest, daß unsere Konkurrenzfähigkeit auf den internationalen Märkten allein auf diesem Weg nicht wiederherstellbar ist. Das würden die Menschen nicht hinnehmen, und es entspräche auch nicht den Wertvorstellungen unserer Gesellschaft. Übrigens auch nicht den Wertvorstellungen von Ludwig Erhard. Also wird ein beträchtlicher Teil der Remedur auf der Seite des Waren- oder Leistungsangebots liegen müssen. Es ist gewiß nur eine relativ banale Faustregel, die vielfältiger Korrektur bedarf, aber mit dieser Maßgabe wird sich wohl sagen lassen, daß dauerhafte Abhilfe nicht von solchen Leistungen und Produkten kommen kann, die auch Konkurrenten mit wesentlich niedrigeren Sozialkosten erarbeiten können, sondern nur von solchen, zu deren Erzeugung die Konkurrenten noch überhaupt nicht imstande sind, weil es sich dabei entweder um Spitzenqualitäten im Rahmen schon bekannter Produktreihen handelt oder um völlig neue, anderen überhaupt noch nicht zugängliche Leistungen.

Das meine ich übrigens, wenn ich gelegentlich sage, wir könnten unsere sozialen Standards grundsätzlich nur erhalten, wenn wir unseren Konkurrenten auf den Weltmärkten stets „zwei oder drei Pferdelängen voraus" seien. Es mag – und das will ich hinzufügen – durchaus sein, daß diese Spirale der Höchstleistungen irgendwann in der Zukunft auch einmal zu Ende geht. Aber noch ist es ganz gewiß nicht so weit, und das mindeste, was die westlichen Gesellschaften von dieser Spirale erwarten können, ist eine Übergangszeit von zwei oder drei Generationen, in der sie sich dann auf das Ende der Spirale einstellen können, denn es könnte ja sein, daß auch in diesem Bereich der Technologie die Bäume überhaupt nicht in den Himmel wachsen. Im übrigen ist hier der Ort, über die Relevanz einer zielfreien Grundlagenforschung ernsthafter nachzudenken. Aber das will ich heute nicht tun.

Die Konsequenz aus all dem ist klar: Mehr als je sind heute Leistungsbereitschaft und Kreativität gefragt, genau die Eigenschaften, die nach den Grundvorstellungen von der freiheitlichen Gesellschaft ohnehin zu deren wichtigsten inneren Kräften gehören.

Ich würde dieses Thema hier nicht einmal am Rande streifen, wenn es nicht den Blick auf eine zusätzliche Voraussetzung von freiheitlicher Gesellschaft und von Marktwirtschaft lenken würde, die die Auguren bisher noch nicht so klar im Visier haben, wie es notwendig wäre.

Adam Smith und die ihm folgenden klassischen Liberalen hatten von einer – ihnen fast selbstverständlichen – Hoffnung gelebt: Man gebe den Menschen Freiheit, und sie werden dann von selbst das Beste daraus machen, und zwar nicht nur für sich selbst, sondern gleichzeitig über den Markt und seine Marktgesetze für die Gemeinschaft als Ganzes. Das war die Hoffnung, die hinter diesem Modell steht. Adam Smith war ja im Hauptberuf, wenn ich so sagen darf, Moralphilosoph. Heute stellt sich diese Frage aber möglicherweise doch etwas anders. Was ist eigentlich, wenn die Menschen nichts mehr aus ihrer Freiheit machen, vielleicht nicht einmal etwas aus ihrer Freiheit mehr machen wollen, weil sie den Mut dazu verloren haben? Was ist dann eigentlich mit diesem Modell?

Wir stehen hier vor einer entscheidenden Frage unserer Zeit. Gewiß, mit Klagen über „Mallorca-" und „Erbenmentalität", über den Verlust an Werten und Gemeinwohlorientierung, über mangelnde Leistungsbereitschaft sind viele von uns leicht bei der Hand. Aber ich frage Sie: Reicht das aus? Was ist eigentlich wirklich nötig, um in dieser Frage Remedur zu schaffen? Man kann sich hinstellen und einen Ruck verlangen. In Amerika ist das schon übersetzt worden und heißt dort „Herzog jolt". Aber man darf das nicht überschätzen. Man kann das einmal tun. Auf Dauer nutzt es sich ab. Was also ist wirklich nötig?

Mir fällt auf, daß man sich in Deutschland seit einiger Zeit über das alles ernsthaft Gedanken macht, daß man bisher aber noch nicht einmal das rechte Wort für das gefunden hat, was notwendig ist. Das ist immer das beste Zeichen dafür, daß der Gedanke selbst noch nicht hinreichend klar ist.

Wir reden von mehr Gemeinwohlorientierung, die nötig sei, und die Richtigkeit dieser Forderung wird füglich auch niemand bestreiten. Aber die Konturen verschwimmen hier schon theoretisch, wenn man mit einbezieht, daß nach den Grundgedanken unseres eigenen gesellschaftlichen Systems Gemeinwohl und individueller Vorteil einander nicht ausschließen, sondern bedingen. Wir wollen Interessenintegration, nicht -addition.

Wir fordern mehr Leistungsbereitschaft, und auch das ist natürlich richtig. Aber dazu gehört nach unserem System, daß sich Leistung auch lohnen muß, und zwar unabhängig davon, ob sie auf Unternehmer- oder Arbeitnehmerseite, in Konstruktionsbüros oder Hochschulen erbracht wird. Und die Frage des Verhältnisses zwischen den Löhnen und den Sozialhilfeleistungen – ich will das hier nicht weiter ausführen – kann nach meiner Überzeugung nur durch ein Splitten der Sozialhilfeleistungen erreicht werden. Es darf nicht sein, daß jede Idee, einen, der nicht arbeiten will, mit etwas geringerer Sozialhilfe auszustatten, sofort mit dem Hinweis auf dessen arme, alleinstehende und hilflose Mutter und die sechs Kinder konterkariert wird. Man kann doch beide Sachverhalte verschieden behandeln.

Wir fordern mehr Eigenverantwortung und Hilfsbereitschaft. Und auch da werden wir beides dringend brauchen. Einmal, um unsere sozialen Netze zu entlasten, vor allem aber, um unsere Gesellschaft wieder menschlicher zu gestalten. – Warum sagen wir das eigentlich nie? Warum argumentieren wir immer nur mit Geldbelastungen? Aber auch das will ich hinzufügen: Von der Aufgabe, unsere Gesellschaft menschlicher zu gestalten, wird weithin gesprochen. Aber die ewigen Rufe nach dem Staat sind bisher noch nicht merklich leiser geworden.

Wir predigen mehr Kreativität. Aber sind wir darauf eingestellt, was geschehen muß, wenn einer wirklich etwas bahnbrechend Neues erfindet oder entdeckt, was das für die Vorstandsetagen der Unternehmen bedeutet, für die Genehmigungsbehörden, nach erfolgter Genehmigung für die Medien und zu guter Letzt für die Vorschriften über das Patentanmeldungsverfahren?

Nicht zuletzt fordern wir mehr Risikobereitschaft. Auch das ist richtig. Aber sind wir mental wenigstens imstande, auch den erfolglosen Versuch richtig zu beurteilen und zu behandeln? Wer beurteilt denn, ob dann wirklich vom Scheitern einer Unternehmensstrategie, von unternehmerischem Versagen und von der Verschleuderung öffentlicher Subventionen gesprochen werden kann? Unser System beruht auf dem Prinzip von Versuch und Irrtum. Warum wird dann jeder Irrtum so gnadenlos verteufelt? Das gehört, wenn nicht grobe Fahrlässigkeit oder Korruption im Spiel ist, zum System, übrigens auch zu den Kosten des Systems, durchaus auch in der finanziellen Beziehung dieses Wortes. Das alles sind Fragen, auf die ich gern eine Antwort hätte.

Ich sage hier freimütig: Ich habe auch kein Schlagwort zur Hand, das die Antwort auf solche Fragen gibt und außerdem noch den Vorteil hätte, griffig zu sein. Vom Kampfgeist würde ich gern sprechen, aber ich will es nicht tun; das wäre ja selbst wieder irreführend. So will ich mich, wie schon des öfteren, mit einem Appell an den Überlebenswillen der Deutschen begnügen, vor allem der deutschen Jugend, in der das auch wieder hochkommt. Man merkt das bei den jungen Leuten. Die haben nicht das Gefühl, daß sie sich von dem unterbuttern lassen sollten, was unsere Generation angerichtet oder angerührt hat.

Wir haben Probleme. Und wer sie als gering einstuft, der lügt sich selbst etwas in die Tasche. Aber ich finde, wenn wir uns zusammentun und jeder beiträgt, wozu er imstande ist, wenn jeder ein bißchen mehr tut und sich ein bißchen mehr einsetzt, als ihm das Gesetz vorschreibt, dann können wir mit diesen Problemen auch fertig werden. Denn unlösbar sind sie ganz gewiß nicht. Für eine Gesellschaft, die sich nicht selbst abschreiben will, müßte es doch eigentlich möglich sein, mit einigen Verzichten, mit einiger Solidarität, aber vor allem mit Entschlossenheit und Erfindergabe, sagen Sie meinetwegen auch Verbissenheit, wieder zum Erfolg durchzustoßen.

Wer sich an dieser Kraftanstrengung beteiligt, dem würde ich sogar ein Attribut zubilligen, das in Deutschland – auch wieder aus verständlichen Gründen – lange tabuisiert war. Der würde für mich, gleich was er gelernt hat, wie er besoldet wird, welche berufliche Kleidung er trägt, an welcher Stelle er steht, der würde für mich zur Elite unseres Landes gehören.

Dank an den Bundespräsidenten

Prof. Dr. Otto Schlecht

Sehr geehrter Herr Bundespräsident, lieber Herr Herzog! Ich danke Ihnen ganz herzlich für Ihre überaus deutlichen Worte. Sie müssen uns gleich verlassen; erlauben Sie mir deshalb, daß ich meinen Dank mit einigen wenigen Anmerkungen konkretisiere.

Sie haben die Frage nach der Zukunftsfähigkeit der Sozialen Marktwirtschaft gestellt, und Sie kamen zum Ergebnis, daß gerade die Werte, die der Sozialen Marktwirtschaft immanent sind – Freiheit, Wettbewerb, Dynamik, demokratische Ordnung –, auch in Zukunft Basis unserer Gesellschafts- und Wirtschaftsordnung sein müssen.

Sie haben – entgegen manchen Zeitgeistern – nicht der Sozialen Marktwirtschaft die gegenwärtigen wirtschaftlichen Schwierigkeiten in die Schuhe geschoben. Als Ursachen haben Sie vielmehr – um nur drei wichtige Beispiele zu nennen – auf die Ausweitung der Staatsätigkeit mit der Folge der Schwächung von Eigenverantwortung und Eigeninitiative hingewiesen. Sie haben den zu engen Rahmen für unternehmerisches Handeln durch Regelungen, Gesetze und Verordnungen aufzeigt. Und Sie haben Verkrustungen des Arbeitsmarktes beanstandet.

Zur Bewältigung der gesellschaftlichen und wirtschaftlichen Probleme bedarf es in der Tat der Wahrnehmung von Verantwortung für das Ganze. Hier sind alle gefordert: Politiker,

Unternehmer, Tarifpartner und jeder einzelne in seinem Bereich.

Herr Bundespräsident, wir werden Ihre Rede auf der anschließenden Podiumsdiskussion nicht kommentieren. Aber erlauben Sie mir doch, daß ich nachher zwei Begriffe hinterfragen möchte, die unterschiedlich definiert und auch benutzt werden, nämlich Vollbeschäftigungspolitik und Arbeitsmarktpolitik.

Die Ludwig-Erhard-Stiftung, dies ist unser Versprechen an den Bundespräsidenten, wird alles in ihren Kräften Stehende tun, weiterhin für Leistungsbereitschaft und Eigenverantwortung, aber auch für Gemeinwohlorientierung und Hilfsbereitschaft, und nicht zuletzt für Kreativität und Risikobereitschaft einzutreten und dafür zu werben. Sie haben am Schluß Ihrer Ausführungen noch einmal hervorgehoben, wie wichtig die Erfüllung dieser Aufgabe heute ist.

Ich bin mit Ihnen sicher: Wir Deutschen haben Überlebenswillen, und wir werden mit unseren Problemen fertig werden. Nur: Wir müssen alle dazu beitragen – und dies auch möglichst umgehend. „Fünf vor zwölf", „letzte Chance", „Stunde der Wahrheit" titeln zur Zeit die Gazetten. Was in dieser Situation jetzt wichtig ist, ist ein Stück mehr Überzeugungs- und Führungskraft der Eliten in Politik, Wirtschaft und Gesellschaft, und zwar im Geiste und im Handeln von Ludwig Erhard.

Herr Bundespräsident, Sie haben heute erneut dazu aufgerufen, das Notwendige unverzüglich zu tun. Wir danken Ihnen dafür, und wir wünschen Ihnen weiterhin viel Erfolg bei Ihrer geistigen Führung.

Podiumsdiskussion

Leitung: Prof. Dr. Otto Schlecht
Teilnehmer: Dr. Fritz Ullrich Fack
                  Prof. Dr. Rainer Klump
                  Friedrich Merz, MdB
                  Siegmar Mosdorf, MdB
                  Kurt Steves
                  Prof. Dr. Christian Watrin

Die aktuellen Fragen

Prof. Dr. Otto Schlecht

Wir haben auf dem Podium zwei Wirtschaftswissenschaftler: Professor Watrin und Professor Klump. Christian Watrin ist ein national und international renommierter Wissenschaftler. Er ist Schüler von Alfred Müller-Armack, war viele Jahre Leiter des Instituts für Wirtschaftspolitik an der Universität zu Köln und Vorsitzender des Wissenschaftlichen Beirats beim Bundesministerium für Wirtschaft. Rainer Klump wurde vor kurzem auf den Ludwig-Erhard-Stiftungslehrstuhl für Wirtschaftspolitik an der Universität Ulm berufen. Manche werden sich da fragen: Warum gerade Ulm? Dort sind die Ökonomen mit den Mathematikern zusammengespannt. Da würde sich Ludwig Erhard doch die Haare gerauft haben? – In Ulm deshalb, weil dies 25 Jahre lang der Direktwahlkreis von Ludwig Erhard war.

Wir haben auf dem Podium zwei Bundestagsabgeordnete, die nicht ganz im Partei- und Fraktionsestablishment integriert, aber vielleicht gerade darum sehr profiliert sind. Jedenfalls haben sie beim Fahren auf neuen Gleisen und beim Meiden von eingefahrenen Wegen einige Übung. Friedrich Merz ist Obmann im Finanzausschuß für die Union. Er war Mitglied des Europäischen Parlaments und ist darüber hinaus auch Mitglied der „Reformkommission Soziale Marktwirtschaft", die von der Bertelsmann-, der Heinz Nixdorf- und der Ludwig-Erhard-Stiftung gegründet wurde. Siegmar Mosdorf ist Mitglied des Wirtschaftsausschusses des Deutschen Bundestages und Vorsitzender der Enquêtekommission „Zukunft der Medien in Wirtschaft und Gesellschaft". Als ich vor etlichen Jahren in seinem Wahlkreis einmal einen Vortrag gehalten habe, habe ich vorhergesagt: Aus diesem Mosdorf könnte einmal ein neuer Karl Schiller für die SPD werden. Damit möchte ich zugleich die SPD daran erinnern, daß sie erst in dem Moment regierungsfähig wurde, als sie ein glaubwürdiges, konkretes marktwirtschaftliches Programm gehabt hat und dies auch personifiziert darstellen konnte.

Kurt Steves ist hier eine Art Joker. Als junger Journalist gehörte er – wie übrigens auch Herr Fack – zum journalistischen Teil der damaligen „Brigade Erhard". Später war er als Geschäftsführer beim BDI zuständig für Außenwirtschaft. Dort hat er sich bemüht, der deutschen Industrie liberale Korsettstangen einzuziehen.

Ich habe gesagt, wir werden die Rede des Bundespräsidenten nicht im einzelnen kommentieren – das ist die Basis unserer Diskussion. Aber wir sollten natürlich die entscheidenen Fragen nicht ausklammern: Wie und wo gilt es, die Soziale Marktwirtschaft zu erneuern? Wie können wir sie fit machen für das 21. Jahrhundert? Wie sind die Einzelvorschläge und die Reforminitiativen, die wir auf dem Tisch haben und die strittig diskutiert werden, zu einem stimmigen Gesamtkonzept zusammenzufügen? Und wenn dieses Gesamtkonzept vorliegt: Was ist zu tun, um es mit Überzeugungs- und Führungskraft auszustatten und es praktisch umzusetzen? Was können wir in dieser Hinsicht von Ludwig Erhard lernen? Wo gibt es personelle, wo gibt es institutionelle Defizite?

Lassen Sie mich unsere Diskussion mit einigen konkreten Fragen an die Podiumsteilnehmer umreißen:

☐   Kritiker sagen: Wir haben heute gar keine Soziale Marktwirtschaft mehr. Was wir haben, ist eine halbe Staatswirtschaft.

Einige liberale Wirtschaftswissenschaftler meinten kürzlich: Eigentlich hätten wir jetzt „demokratischen Sozialismus". Liegt das daran, daß der Versuch der geistigen Väter der Sozialen Marktwirtschaft, eine Synthese zwischen Marktfreiheit und sozialem Ausgleich zu finden, mißbraucht wurde? Hat man den sozialen Ausgleich falsch definiert, so daß daraus eine Interventions- und Umverteilungsfalle geworden ist? Das wären Fragen, die sich besonders an Herrn Watrin richten.

☐ Und die viel gerühmte, viel geschmähte Globalisierung: Ist sie eine Falle, oder ist sie eine Chance? Kann unser Sozialstaat im verstärkten weltweiten Wettbewerb und Strukturwandel überleben? Und wenn ja, wie? Bringt die Globalisierung für die reicheren Industrieländer weniger Arbeit? Oder muß man es nur richtig anstellen, damit mehr Arbeitsplätze entstehen? Ist eine europäische oder gar weltweite Harmonisierung von Sozialstandards eine Lösung oder eine Fata Morgana? Und wenn es eine Fata Morgana ist, muß man das Heil dann in Abschottung suchen? Auf diese Fragen hätte ich vor allem von Herrn Mosdorf gern Antwort, denn sein Parteivorsitzender argumentiert nur in eine Richtung, und viele halten seine Position nicht für sachgerecht, und es ist ja in der Tat etwas seltsam: Vor ein paar Wochen sind hier in Bonn Herr Lafontaine und Herr Scharping Arm in Arm mit Ruhrkumpels aufgetreten, die für das Weiterbestehen von Subventionen in Milliardenhöhen demonstriert haben. Aber gleichzeitig geriert sich die SPD auf Kongressen als Innovations- und Modernisierungspartei. Wie paßt das zusammen?

☐ Es fehlen auch – und diese Anmerkung geht wieder an die Wissenschaftler und insonderheit an Herrn Klump – Lösungsansätze aus der Wissenschaft. Ordnungstheorie und Denken in ordnungspolitischen Zusammenhängen scheinen von vielen neuen Theorien und von ökonometrisch-mathematischer Modellschreinerei verdrängt. Wie kann man das Konzept von Ludwig Erhard – vielleicht in neuen wissenschaftlichen Gewändern – wieder präsentieren?

☐ An alle Gesprächsteilnehmer gerichtet und noch einmal gefragt: Wie und wo gibt es Erneuerungsbedarf, um die neuen Herausforderungen – Globalisierung, Informationsgesellschaft, auf den Kopf gestellte Bevölkerungspyramide – offensiv anzugehen? Wie bekommen wir wieder nachhaltige Beschäftigung? Ich habe schon darauf hingewiesen: Wir müssen hierbei auch hinterfragen, wie die Begriffe, die der Bundespräsident benutzt hat, zu interpretieren sind, vor allem die Begriffe Vollbeschäftigungspolitik und Arbeitsmarktpolitik.

Das sind ein paar Fragen, auf die wir Antworten geben sollten.

„Kostenlose Staatsleistungen":
Marktfremdes, das teuer zu stehen kommt

Prof. Dr. Christian Watrin

Zunächst möchte ich auf eine Inkonsistenz eingehen, die mir beim Vortrag des verehrten Herrn Bundespräsidenten aufgefallen ist. Über dem Eingangstor zur Marktwirtschaft steht eine Sentenz, die man in Anspielung auf Dante so formulieren kann: „Die ihr hier eingeht, es gibt nichts umsonst." Diese zentrale Botschaft, die für jedes wirtschaftliche Denken grundlegend ist, wird ignoriert, wenn man die Vorstellung entwickelt, daß es kostenlose Leistungen des Staates gäbe, zum Beispiel die Infrastruktur oder das Bildungswesen. Das ist eine völlig falsche Sicht, denn das, was wir „den Staat" nennen – das sehr komplizierte Gebilde der Politik und der Bürokratien, die den Staat ausmachen –, muß ja zunächst einmal die Mittel von den Bürgern erheben, damit die sogenannten kostenlosen Leistungen an die Bürger abgegeben werden können.

Dies ist quasi die erste Lektion in Sachen Ökonomie. Aber die Betrachtung muß noch einen Schritt weitergehen. Wenn man sagt, die Bürger bekommen genau die Leistungen, die sie haben wollen, dann hat man das Feld der Marktwirtschaft verlassen. Der Marktwirtschaftler muß an dieser Stelle nämlich fragen: Bekommen sie sie wirklich, und zwar in den Mengen und in der Qualität, wie sie es wünschen? Für die Marktwirtschaft gilt, daß der Souverän der Bürger ist und nicht der Abgeordnete oder der Bürokrat, der huldvoll zuteilt.

Hier tut sich eine Diskrepanz zwischen dem ökonomischen und dem politischen System auf. So müssen wir feststellen, daß die großen Krisen, die wir zum Beispiel im Bildungssystem haben – da kenne ich mich am besten aus –, dadurch verursacht sind, daß Angebot und Nachfrage aus politischen Gründen nicht nach marktmäßigen Gesichtspunkten zusammenkommen und die Illusion besteht, man könne beliebig viel studieren, beliebig viele Menschen ausbilden und den Absolventen der Universitäten auch noch die beliebten Stellen beim Staat garantieren. Das hat schlimme Folgen, beispielsweise die, daß Studenten nach mühsam erarbeiteten Doktoraten arbeitslos sind.

Das Problem, vor dem wir heute stehen, ist, daß die staatlich bereitgestellten Güter zu ineffizient und zu teuer produziert werden. Wenn wir noch das soziale Netz – gewissermaßen das zweite Element angeblich kostenloser staatlicher Leistungen – hinzunehmen, dann sehen wir, daß die Freiheitsidee nicht aufgeht, die der Herr Bundespräsident so beredt hier vorgestellt hat.

Wir haben uns angewöhnt, alles und jedes zu subventionieren. Wir haben die Illusion eines Schlaraffenlandes entwickelt. In unserer Gesellschaft gibt es im Grunde genommen keine echten privaten Initiativen mehr. Jeder fragt zunächst einmal, wo kann ich Subventionen für meine Idee, die doch für die Gemeinschaft so nützlich ist, herbekommen? Uns sind die bürgerlichen Tugenden verloren gegangen, nämlich die selbstverständliche Haltung, aus eigener Initiative tätig zu werden, aus eigener Bereitschaft Opfer zu bringen und sich auch ohne Subventionen um den Nächsten zu kümmern. Wir vertrauen uns dem Staat an, und das führt dazu, daß dieser Leviathan-Staat uns schließlich erdrückt.

Ökonomen betonen in neuerer Zeit, daß die bestehenden Institutionen unser Verhalten prägen. Daraus folgern sie: Wir müssen die Institutionen ändern, damit sich die Verhältnisse ändern. Ich habe die Sorge, daß diese Rechnung nicht aufgeht, denn ich fürchte, daß die notwendigen Änderungsprozesse kaum mehr akzeptiert werden. Selbst wenn ich daran denke, welche Umstellungen den Menschen in Ostdeutschland zugemutet wurden, bleibe ich dabei: Bei dem Selbstmitleid und dem Egoismus, der im Westen herrscht, sind die notwendigen Veränderungen nicht möglich.

Umverteilungen müssen auf wirklich Bedürftige begrenzt werden

Prof. Dr. Rainer Klump

Der Bundespräsident hat nach einem Schlagwort gesucht, das mobilisierend und integrierend für die Aufgaben wirken könne, die sich in der Zukunft stellen. Der Begriff der Sozialen Marktwirtschaft war so ein Schlagwort. Es hat extrem integrierend und mobilisierend gewirkt, allerdings war das nicht ohne Probleme.

Es gibt die Formel von Alfred Müller-Armack, Soziale Marktwirtschaft sei die Verbindung des Prinzips der Freiheit auf dem Markt mit dem Prinzip des sozialen Ausgleichs. Diese Formel ist sehr populär geworden, aber in dieser einfachen Ausgestaltung hat sie die Tür geöffnet für eine Politik, die das Soziale in großem Stil mit der Marktwirtschaft kombinieren wollte. In der kürzlich erschienenen Festschrift zum 100. Geburtstag von Ludwig Erhard finden wir nun den interessanten Hinweis, daß Ludwig Erhard die Formel von Müller-Armack ziemlich prompt ergänzt und in dieser Ergänzung sozusagen auch kritisiert hat. Erhard sagte: Der Sinn der Sozialen Marktwirtschaft sei die Verbindung des Prinzips der Freiheit auf dem Markt mit dem Prinzip des sozialen Ausgleichs und der sittlichen Verpflichtung des einzelnen gegenüber der Gemeinschaft. Das ist sozusagen die Rückbindung der Leistung, die die Soziale Marktwirtschaft jedem einzelnen bietet, mit der Verpflichtung für jeden einzelnen, sich aktiv in der Marktwirtschaft zu engagieren, damit der Leistungswettbewerb aufrechterhalten bleibt.

Erhards Soziale Marktwirtschaft ruht sozusagen auf zwei Pfeilern. In der konkreten Realisierung ist nun aber der eine Pfeiler, der Sozialstaat, extrem ausgebaut worden, während der andere – die Verpflichtung des einzelnen, seine Leistung im Rahmen des Wettberwerbs zu erbringen – immer baufälliger wurde, so daß das Gesamtgebäude einzustürzen droht.

Die Probleme, die dadurch entstanden sind, wurden durch die Globalisierung lediglich besonders deutlich offengelegt. Das ist weder ein Wunder, noch ist es im Prinzip schlecht. Die Erhardsche Konzeption der Sozialen Marktwirtschaft beruht ja nicht nur auf dem Wettbewerb im Innern, sondern sie war von Anfang an auch auf den Weltmarkt hin orientiert. Erhard hat sich immer um die Liberalisierung des Außenhandels bemüht. Man kann sogar sagen, daß die Förderung einer liberalen deutschen Außenwirtschaftsordnung in ihren Wirkungen für den Wettbewerb in Deutschland wichtiger war als die sicherlich auch sehr wichtige Verabschiedung des Gesetzes gegen Wettbewerbsbeschränkungen. Der Wettbewerb mit dem Ausland war nämlich ein Korrektiv für überzogene Ansprüche, die sich im Inland gebildet haben. Er war eine wirksame Vorkehrung gegen Monopolrenten, die das Konzept der Sozialen Marktwirtschaft in Frage stellen – wirksamer vielleicht als das Kartellgesetz. Auch heute bietet der internationale Wettbewerb, das heißt die Globalisierung, eine wichtige Chance. Die effizienzschaffenden Elemente, die die Soziale Marktwirtschaft beinhaltet, und die Suche nach effizienten, kooperativen Lösungen, die den sozialen Frieden stärken, werden durch die Globalisierung beflügelt.

Im übrigen sollte man nicht vergessen: Außenhandel, also auch globaler Wettbewerb, führt nach allem, was wir in der Wirtschaftstheorie wissen, immer zu Spezialisierung. Die Vorteile dieser Spezialisierung können genutzt werden. So gesehen ist die Soziale Marktwirtschaft ein effizienzförderndes Instrument. Sie kann dazu beitragen, daß die spezifischen Vorteile der deutschen Wirtschaft ausgespielt und die Position der deutschen Wirtschaft im Wettbewerb des 21. Jahrhunderts gestärkt wird. Bedingung ist natürlich, daß man sich auf die Basis der Erhardschen Prinzipien zurückbesinnt.

In diesem Zusammenhang möchte ich auf die kritische Anmerkung von Herrn Schlecht eingehen. Herr Schlecht hat gesagt, daß die Wirtschaftswissenschaft den ordnungspolitischen Fragen zu wenig Gewicht beigemessen habe. Ich denke jedoch, wir können mit gutem Gewissen darauf verweisen, daß diese Fragen zumindest in den letzten zehn Jahren auf dem Gebiet der Wachstumsforschung intensiv diskutiert wurden. Dabei hat sich gezeigt, daß die Förderung der Dynamik in der Wirtschaft und auch die Förderung der Liberalisierung gegenüber dem Ausland, also die Öffnung gegenüber dem Weltmarkt, im Prinzip immer noch die beste Wachstumsstrategie ist, die wir uns denken können.

Damit ist sozusagen die Vision formuliert, und es stellt sich die Frage, welcher Weg zur Verwirklichung dieser Vision führt. Wir sprechen seit langer Zeit über die Reformbedürftigkeit der deutschen Wirtschaftsordnung. Wie gesagt: Das ist kein Problem der Wirtschaftstheorie. Ich halte das vor allem für ein Problem der Politik. Die Politik muß zielgerichtet auf dem Weg der Sozialen Marktwirtschaft voranschreiten. Sie tut das nicht, obwohl sie sich zu Erhards Konzeption bekennt. Das Problem ist, daß wir keine glaubwürdige Politik haben. Ich bin jedoch davon überzeugt, daß sich dieses Defizit an Glaubwürdigkeit beheben läßt. Die Politik müßte sich lediglich Normen vorgeben, an die sie sich dann auch hält. Ich sage: Normen, weil ich daran erinnern möchte, daß Ludwig Erhard seine wegweisende Entscheidung, nämlich die Liberalisierung der deutschen Wirtschaft im Jahre 1948, auf der Basis des sogenannten Leitsätzegesetzes durchgesetzt hat. Das Leitsätzegesetz war ein Gesetz, in dem relativ knapp einfache Leitsätze für die Politik formuliert wurden, das heißt, Normen, die eine Art Selbstverpflichtung darstellten, um den Weg in die neue Wirtschaftsordnung zu gehen.

Es scheint mir heute notwendig, daß solche Verpflichtungen, solche Normen, formuliert werden. Im ordoliberalen Konzept war genau das der Punkt, den Walter Eucken als Kennzeichen eines starken Staates hervorgehoben hat: Ein starker

Staat ist jener, der sich an ein vorgegebenes Normengefüge zu halten vermag. Das, denke ich, ist notwendig, um den Weg zur Realisierung dieser Vision von einer innovationsbereiten Gesellschaft der Selbständigen gehen zu können.

Die Herausforderungen der Globalisierung werden in Deutschland noch nicht wahrgenommen

Siegmar Mosdorf

Ich teile die Auffassung von Herrn Watrin: Es gibt nichts, das nichts kostet. Das gilt natürlich auch für Subventionen, und selbstverständlich auch für den Kohlesektor. Allerdings hatten die Kundgebungen der Bergleute hier in Bonn einen anderen Hintergrund. Sie wissen – ich verrate also keine Geheimnisse –, daß der Bundeskanzler bei seiner Reise nach Indonesien im letzten Herbst auch vom Vorsitzenden der IG Bergbau und Energie begleitet wurde. Während dieser Reise wurden Verabredungen getroffen, auf die die Gewerkschaft eingestellt wurde. Das war außerordentlich schwierig. Immerhin ging es ja um sieben Zechenstillegungen und ähnliche Dinge. Sie können sich vorstellen, daß das für einen Gewerkschaftsführer kein Vergnügen ist. Aber dann hat er Tatbestände vorgefunden, die nicht den Verabredungen entsprachen. Das war der Grund für die Kundgebungen.

Ich sage ganz deutlich: Es muß zum weiteren Abbau von Subventionen kommen, auch bei der Kohle. Man darf zwar nicht verkennen, daß der Strukturwandel im Kohlebergbau enorm war: Wir hatten in Deutschland 600 000 Bergleute, jetzt sind es noch 90 000, aber in Nordrhein-Westfalen arbeiten inzwischen 120 000 Menschen in der Medienwirtschaft. Wer in Nordrhein-Westfalen lebt, weiß, wie dramatisch dieser Wandel war. Und man muß anerkennen, daß er anders als in Longwy und Liverpool ohne Bürgerkriegsverhältnisse verlief. Trotzdem ist die Geschwindigkeit zu gering. Ich bin dafür, daß man weiter reduziert.

Der Bundespräsident hat – wie ich finde: zu Recht – darauf hingewiesen, daß Deutschland gegenüber dem Ausland ökonomische und technologische Vorsprünge verloren hat. Wenn man in Asien oder auch anderswo unterwegs ist und sich mit Leuten aus der Wirtschaft und der Forschung unterhält, hat man den Eindruck, als wenn es so etwas wie eine neue Triade gibt. Deutschland ist das Zentrum des Wohlstandes, Asien das Zentrum der Leistung und Amerika wieder das Zentrum der Innovation. Das kann auf Dauer nicht gutgehen. Deshalb muß man darüber nachdenken: Was kann man in einer sich fundamental verändernden Welt tun?

Meine These ist, daß Deutschland seinen Vorsprung auch deshalb verloren hat, weil wir durch die Vereinigung eine Sonderkonjunktur hatten. Das Problem war durchaus schon vorher sichtbar. Aber wir haben es versäumt, auf diese Situation angemessen zu reagieren. Es wurde nicht nach dem guten alten Satz von Voltaire verfahren: „Krisen meistert man am besten, indem man ihnen zuvorkommt." In diesem Lande wurde in den letzten sechs Jahren keine wirklich unpopuläre Entscheidung getroffen. Es sind lediglich ein paar harte und unbequeme Maßnahmen angekündigt worden. Es wurde einiges dikutiert und erwogen. Aber wirklich entschieden wurde nie etwas. Dadurch hat sich ein Problemstau ergeben: eine Krise, wie sie die Bundesrepublik noch nie erlebt hat. Manche reden zwar von einem Déjà-vu-Erlebnis. Aber ich möchte doch darauf aufmerksam machen:

Erhards Haushaltsdefizit 1966 – der Anlaß für seinen Rücktritt – war eine Quantité négligeable im Vergleich zu den Problemen, die wir heute haben.

Wir haben versäumt, uns mit den Veränderungen, die seit 1989 stattgefunden haben, wirklich auseinanderzusetzen: erstens mit der Auflösung des Ost-West-Gegensatzes und dem damit verbundenen Wegfall quasi merkantiler Strukturen auf den Ostmärkten; zweitens mit dem unglaublich gestärkten Selbstbehauptungswillen der asiatischen Völker. Man darf sich nicht täuschen. Die Menschen dort haben es satt, in Entwicklungsländern leben zu müssen. Sie wollen einen wirtschaftlich erfolgreichen Weg gehen. Wir werden merken, daß sich dadurch eine völlig andere Wettbewerbsarena in der Weltwirtschaft ausbildet. Drittens sollte auch der Einsatz der neuen Informations- und Kommunikationstechniken nicht unterschätzt werden. Er wird den Faktor Arbeit in bisher unbekannter Weise mobil machen und zu völlig neuen Formen der internationalen Arbeitsteilung führen. Viertens müssen wir die demographischen Probleme im Auge behalten. Und schließlich sollte man – fünftens – nicht vergessen, daß wir die bestqualifizierteste Frauengeneration der Geschichte haben. Diese Frauen wollen im Arbeitsmarkt eine gewichtige Rolle spielen. All dies kommt zusammen. Wir stecken in einer wirklichen Krise.

Ich halte nun gar nichts davon, daß man auf diese neuen Phänome mit alten Rezepten reagiert. Wenn ich zum Beispiel die Debatte in Frankreich verfolge, wo unter der Führung von Pierre Bourdieu die These vertreten wird, lieber französische Zustände als amerikanische Verhältnisse, dann muß ich sagen, das ist die falsche Antwort. Man muß sich wirklich ein bißchen Mühe machen und genauer hinschauen. Ich möchte das Notwendige nur kurz skizzieren.

Ich habe mir die Entwicklung in Amerika genau angesehen. Warum schaffen die Amerikaner 350 000 neue Jobs pro Monat und acht Millionen in fünf Jahren? Warum gibt es bei uns Stagnation? Ich bin dagegen, etwas zu kopieren. Ich möchte durchaus nicht, daß man bei uns wie in Los Angeles genausoviel für Gefängnisse ausgibt wie für Schulen und Kindergärten. Ich möchte auch nicht die verteilungspolitische Schieflage in Amerika. Aber das, was wir lernen können, sollten wir lernen. Ich nenne vier Punkte.

☐ Es ist völlig klar: Es gibt in Amerika, was man dort „dirty jobs" nennt. Es gibt Leute, die zwei oder drei Jobs ausüben müssen, damit sie ihren Lebensunterhalt finden. Aber wer meint, daß dies für das amerikanische Wachstumsmodell typisch sei, irrt. Das für mich Entscheidende dafür, daß sich der Arbeitsmarkt in Amerika günstiger entwickelt hat als bei uns, ist, daß es in Amerika einen deutlichen Reindustrialisierungsprozeß gegeben hat. Wenn man sich Detroit vor 15 Jahren angesehen hat, hat man den Niedergang der Automobilindustrie gesehen. Jetzt findet man eine völlig andere Situation. Die Amerikaner haben im Grunde verstanden, daß die Aussage: Wir landen in einer Dienstleistungsgesellschaft, nicht ausreicht. Der Weg in die Dienstleistungsgesellschaft mag ein säkularer Prozeß sein, aber auch dann brauchen wir eine reale Fertigungsbasis. Die Amerikaner haben diese industrielle Fertigungsbasis ausgebaut – übrigens mit japanischen Fertigungs- und Fabrikkonzepten und einer neuen Arbeitsorganisation.

☐ Es gibt in Amerika viel mehr ausländische Direktinvestitionen als bei uns. In den letzten zehn Jahren haben ausländische Investoren 524 Milliarden Dollar auf dem amerikanischen Kontinent investiert. Bei uns beliefen sich die Direktinvestitionen auf 29 Milliarden Dollar. Interessant ist die Tatsache, daß diese Investitionen in Amerika zu neuen Arbeitsplätzen, und zwar zu sinnvollen Arbeitsplätzen führen, die in Deutschland fehlen. Die amerikanischen Politiker kämpfen um Arbeitsplätze am eigenen Standort. Und sie tun das mit Erfolg. Das ist natürlich eine dramatische Entwicklung für uns.

☐ Es gibt in Amerika eine Gründerwelle, wie wir sie in Deutschland nicht kennen, wie sie aber notwendig wäre. In Amerika ist man neugieriger. Man interessiert sich vor allen Dingen für Zukunftstechnologien – Biotechnik, Mikroelektronik, Informations- und Kommunikationstechnik, Mikrosystemtechnik, Umwelttechnik. Man will etwas bewegen, und man tut etwas. Man gründet Existenzen. Man beschäftigt sich mit Innovationen. Man stellt Risikokapital. Es passiert eine ganze Menge.

☐ Besonders erschreckend ist der Vergleich bei der Ausbildungs- und Hochschulsituation zwischen Amerika und Deutschland. Früher kamen Asiaten nach Deutschland. Sie waren bereit, dafür zu zahlen, daß sie am Fraunhofer-Institut oder am Max-Planck-Institut studieren, promovieren oder sich habilitieren konnten. Heute ist das völlig anders. Heute studieren in den USA 42 000 Japaner und bei uns 1 230. In den USA studieren 36 000 Inder, bei uns 600. Noch nicht genug damit. Zu uns kommen sie vor allem, um Schiller und Goethe zu lesen und Bach und Mozart zu spielen. Das ist ja auch gut. Aber die in Deutschland gelehrten Natur- und Sozialwissenschaften sind ihnen nicht mehr attraktiv genug. Was bei diesen Zahlen vor allem beunruhigen muß, ist: Die ausländischen Studenten sind die Geschäftspartner von morgen. Und in einer zusammenwachsenden, sich dramatisch verändernden Welt brauchen wir diese Partner.

Ich glaube, daß wir inmitten von fundamentalen Veränderungen stehen. Wir müssen versuchen, neue Antworten zu finden. Die Politik braucht dabei Hilfe und Unterstützung. Ich habe allerlei Kontakte mit Lehrstühlen und Universitäten, und ein bißchen das Gefühl, daß sich heute die Wirtschaft schneller verändert, als es die Wirtschaftswissenschaft wahrnimmt. Da streiten sich die Hohepriester des Keynesianismus und des Monetarismus. Aber die Wirtschaft ist längst einen anderen Weg gegangen. Und in Deutschland reden wir über Entbürokratisierung und Deregulierung. Derweil versäumen wir zu tun, was wir wirklich tun müssen: Wir brauchen dringend eine Renaissance der Selbständigkeit.

Der Politik fehlen
Glaubwürdigkeit und Handlungsfähigkeit

Friedrich Merz

Trotz aller gebotenen Loyalität zu Partei und Bundesregierung gebe ich den Kritikern Recht, die da sagen: Die gegenwärtig geplanten, zum Teil auch schon abgeschlossenen Reformvorhaben – Rentenreform, Gesundheitsreform, AFG-Reform und jetzt die Steuerreform – sind zu stark segmentiert und wurden der Öffentlichkeit nicht genügend als Teile eines klaren Konzeptes dargeboten. Wir beschäftigen uns mit diesen Reformen, ohne ein einheitliches, in sich geschlossenes wirtschaftspolitisches Konzept zu vertreten.

Ich will noch einen Schritt weitergehen. Ich empfinde es gegenwärtig als das größte Defizit, daß wir zur Zeit in Bonn eigentlich keine Wirtschaftspolitik haben und über Wirtschaftspolitik nicht wirklich streiten. Wir streiten uns um Details, aber wir reden nicht über Grundlagen. Damit sind wir beim Thema des heutigen Tages, nämlich bei der Frage, ob unsere Wirtschaftsordnung überhaupt noch mit der notwendigen Überzeugungskraft vertreten werden kann, ob es möglich ist, die Zustimmung zur Sozialen Marktwirtschaft dort zurückzugewinnen, wo sie verlorengegangen ist.

Der Sozialen Marktwirtschaft fehlt seit einiger Zeit der Systemkonkurrent. Wir wissen alle: Ein Produkt, das sich nicht mehr im Wettbewerb behaupten muß, verliert an Strahlkraft. Aber wahrscheinlich haben wir tiefere Ursachen zu beklagen. Das Institut in Allensbach hat Lehrer an berufsbildenden Schulen gefragt, ob sie sich verpflichtet fühlen, ihren Schülern das Ordnungsbild der Sozialen Marktwirtschaft zu vermitteln. Eine verschwindend geringe Zahl von Lehrern hat auf diese Frage mit ja geantwortet. Das ist natürlich eine katastrophale Entwicklung. Sie zeigt, daß sich in unserer Bevölkerung Gleichgültigkeit gegenüber ordnungspolitischen Fragen ausgebreitet hat und weiter verbreitet.

Bei dieser Lage ist es natürlich sehr erschreckend, wenn dann auch noch schiefe Begriffe verbreitet werden. Es passieren in Deutschland ungeheuerliche Dinge mit Begriffen. Ich will hier ganz besonders die Ludwig-Erhard-Stiftung ansprechen: Das neueste Schimpfwort, das man jetzt hört, ist „neoliberal". Diejenigen, die ein marktwirtschaftliches System verteidigen, also wir, werden abwertend „die Neoliberalen" genannt. Mich wundert es offengestanden, daß sich die Ludwig-Erhard-Stiftung dagegen nicht lautstark zur Wehr setzt. Haben wir denn jetzt Angst, uns zu den geistigen Vätern des Neoliberalismus zu bekennen? Wir müssen mit den richtigen Begriffen umgehen und dürfen nicht zulassen, daß Fehldeutungen in unsere Begriffe eingeschmuggelt werden.

Ich zitiere in diesem Zusammenhang immer gern, was Wilhelm Röpke in seinem Buch „Jenseits von Angebot und

Nachfrage" geschrieben hat: Wer nur etwas von Nationalöko-
nomie versteht, hat noch nicht einmal diese verstanden. Wir
müssen offensichtlich wieder zurückkommen zu einer Debatte
über die ethischen Grundlagen der Sozialen Marktwirtschaft,
wenn es uns gelingen soll, diese Wirtschaftsordnung auch in der
nächsten Generation noch mehrheitsfähig zu halten.

Aber selbstverständlich müssen wir uns auch fragen, was
die Politik dazu beitragen kann. In dieser Hinsicht bin ich nun
allerdings nicht sehr optimistisch. Das politische System in
Deutschland scheint mir kaum noch entscheidungsfähig. Der
Bundespräsident hat sich für Systeme – wie er sich ausgedrückt
hat – mit polyzentraler Entscheidungsfähigkeit ausgesprochen.
Er hat gesagt: Je mehr Personen sich an einer Lösung beteiligten,
desto wahrscheinlicher sei es, daß die Lösung auch erreicht wird.
Ich habe offengestanden Zweifel, ob das heute für die Politik noch
zutrifft. Wir haben in Deutschland ein austariertes Machtsystem
zur Verhinderung von Machtmißbrauch. Wir haben eine Macht-
verteilung auf viele Institutionen. Aber schauen Sie sich das ge-
genwärtige Gegeneinander von Bundestag und Bundesrat an:
Das ist nicht mehr Verhinderung von Machtmißbrauch, sondern
Verhinderung von Politikausübung. Wir haben ein Wahlrecht,
das Koalitionen erzwingt. Wir haben eine sehr starke Stellung
des Bundesverfassungsgerichtes. Der Verfassungsrichter Ernst-
Wolfgang Böckenförde hat zum 40. Jahrestag der Verabschiedung des Grundgesetzes gesagt: In Deutschland vollzieht sich ein
gleitender Übergang vom parlamentarischen Gesetzgebungs-
staat zum verfassungsgerichtlichen Jurisdiktionsstaat. In der
Steuerpolitik ist das ganz besonders deutlich zu sehen, obwohl ich
zugeben muß, daß der Gesetzgeber daran auch selbst schuld ist.
Wir haben einen so hohen Anteil an Veto- und Verhinderungs-
positionen aufgebaut, daß wir zu keinen Entscheidungen kom-

men. Ich glaube, das ist in der gegenwärtigen Lage das schlimmste. Wir kommen ja noch nicht einmal mehr zu falschen Entscheidungen. Wir entscheiden gar nicht mehr.

Fritz W. Scharpf hat das in der Frankfurter Allgemeinen Zeitung vor einigen Tagen auf die einfache Formel gebracht: „Unsere Verfassung verlangt von den Parteien, daß sie wie in Großbritannien öffentlich aufeinander einprügeln und wie in der Schweiz vertrauensvoll miteinander arbeiten. Das kann nicht funktionieren." Die Analyse ist wohl zutreffend.

Mit fast allem, was Herr Mosdorf gesagt hat, bin ich einverstanden. Aber das widerspricht natürlich fast allem, was in der SPD gegenwärtig gedacht wird. Warum tun wir uns in Deutschland eigentlich so schwer, die Globalisierung als eine Chance anzunehmen, und warum betrachten wir sie als Bedrohung? Ich glaube, dies hat etwas damit zu tun, welche geschichtlichen Erfahrungen wir Deutschen gemacht haben, ganz anders als zum Beispiel Holländer, Briten oder Amerikaner, die immer anders orientiert gewesen sind als wir. Das hat aber auch etwas damit zu tun, daß sich offensichtlich große Teile unserer Bevölkerung immer weiter nur sich selbst zuwenden. Man spricht von der Individualisierung der Gesellschaft. Ich glaube, wir müssen gerade an dieser Stelle die Herausforderungen, die uns politisch gestellt sind – und das reicht ja weit über die gegenwärtigen Reformvorhaben hinaus –, begreifen. Und diese Herausforderungen müssen wir besser kommunizieren.

Ich mache zum Beispiel bei allen Veranstaltungen, bei denen über den Euro gesprochen wird, die Erfahrung, daß die Euro-Debatte als eine rein innenpolitische Debatte begriffen wird. Die meisten Kritiker weigern sich geradezu, den Blick über die Grenzen Deutschlands oder der Europäischen Union hinaus zu richten. Keiner stellt die Frage: Welche Bedeutung kann der

Euro im internationalen Wettbewerb der Standorte und der Wirtschafts- und Währungsräume gewinnen? Ich glaube deshalb, daß die wichtigste wirtschaftspolitische Aufgabe gegenwärtig in der Kommunikation mit der Öffentlichkeit liegt. Diese Aufgabe hat Ludwig Erhard, wenn ich ihn nachlese – ich habe ihn als handelnden Politiker kaum noch erlebt, denn ich war 22 Jahre alt, als er gestorben ist –, besser gelöst als viele Experten, die sich heute damit befassen.

Auch heute noch von Ludwig Erhard lernen?

Kurt Steves

Es ist richtig: Erhard war ein großer und vor allem unermüdlicher Kommunikator. Er war eine Besonderheit von Kommunikator: Die Leute haben ihm auch dann geglaubt, wenn sie ihn nicht so richtig verstanden haben. Es war faszinierend, das zu erleben. Da sprach einer in altfränkischem Idiom – ganz ähnlich wie der Bundespräsident –, und die Zuhörer sagten: Zwar verstehen wir nicht ganz, was der Dicke sagt und meint, aber wir vertrauen ihm. Ich habe Zweifel, ob dies im Zeitalter der Telekratie, wie ich die heutige Zeit nenne, noch möglich ist. Heute müssen die wichtigsten Botschaften in höchstens einer Minute und 30 Sekunden übergebracht werden, gleichgültig wie kompliziert die Welt ist und wird. Nicht Information ist gefragt, sondern vor allem Infotainment.

Ich erinnere mich an einen Parteitag der CDU in Dortmund im Juni 1962. Dort saß ich mit meinem hochgeschätzten Kollegen Ernst Günter Vetter von der Frankfurter Allgemeinen

Zeitung im Pressesaal. Wir hatten das Manuskript von Erhard gelesen, uns angeschaut und gesagt: „Schön hat Erhard gesprochen, aber was wollte er dem deutschen Volk in concreto mitteilen?" Dann haben Frankfurter Allgemeine Zeitung und Welt eine abgestimmte Interpretation, eine Textexegese, gebracht. Und Erhard war voll zufrieden damit. So etwas gibt es heute nicht mehr. Auch das gehört zum Thema „Erhard als Kommunikator". Aber etwas anderes scheint mir noch bedeutender.

Man fragt heute immer wieder nach Vorschlägen für die Wirtschaftspolitik, man sucht ein Gesamtkonzept und beanstandet, daß es fehlt. Aber das ist, scheint mir, überhaupt nicht das Problem heutiger Politik. Es gibt genügend Vorschläge, auch im Sinne eines Gesamtkonzepts. Seit Jahren liegt alles vor. Alles wurde vielfach bedacht und säuberlich analysiert. Das Phänomen ist, daß es zu jedem Punkt dieser Vorschläge – und wir erleben das Tag für Tag – Verhinderungs- oder Verweigerungskoalitionen der unterschiedlichsten Art gibt. Infolgedessen bleibt es bei mehr oder weniger vollmundigen Absichtserklärungen der Politik, die mittlerweile nichts anderes mehr auslösen als zunehmenden Verdruß beim Publikum.

Was hätte Erhard in einer solchen Situation gesagt? Er hätte wahrscheinlich festgestellt: Wir leiden unter drei Übeln, die alle mit der Vorsilbe „über" beginnen. Zwei dieser Übel haben wir schon besprochen: Wir sind überadministriert, das heißt: überreguliert, und wir sind überlastet mit Steuern und Abgaben. Erhard hätte wohl gesagt, daß es mit der Feststellung dieser Sachverhalte nicht getan ist. Sachverhalte, die beklagt werden, müssen verändert werden. Das vor allem ist Aufgabe der Politik.

Natürlich ist das schwierig, und heute sogar schwieriger als zu Erhards Zeit. Damals beschäftigte der öffentliche Dienst acht

Prozent der Erwerbstätigen, heutzutage sind es mehr als 17, beinahe 18 Prozent. Da haben sich Legionen von Verhinderern formiert, die uns überadministrieren und überstrapazieren. Ich weiß nicht, wie wir davon wieder herunterkommen, wie wir aus der Staatswirtschaft, die wir jetzt haben, wieder zu einer Marktwirtschaft kommen, wer die Courage hat, auf diesen Weg einzuschwenken. Ich weiß nur, daß wir dahin kommen müssen. Damit bin ich beim dritten Phänomen unserer Zeit. Unsere Politiker sind heute überstrapaziert mit Terminen. Sie haben keine Zeit zum Nachdenken, zum sorgfältigen Abwägen, zur soliden Vorbereitung von Entscheidungen. Und weil Politiker vieles hastig entscheiden müssen, können sie zu ihren Entscheidungen dann auch nicht stehen. Man hat Termine, man veranstaltet sich, man tut, was man kann – immer in Zeitnot, ohne zureichendes Nachdenken. Wir werden nicht mehr mit der nötigen Sorgfalt regiert. Der jüngste Beleg dafür war Theo Waigels Drang zum Goldschatz. Ich frage mich: Was hat wohl der dafür verantwortliche Abteilungsleiter in die Ministervorlage geschrieben? Meine Vermutung geht dahin, daß alles Nötige behutsam abwägend, schließlich klar abratend darinstand. Dann bleibt nur: Der Minister hat die Vorlage nicht gelesen.

Mir scheint es wichtig, daran zu erinnern, wie und wer uns das alles eingebrockt hat. Da gab es den Sondersteuerparteitag der SPD im November 1971 in der Bonner Beethovenhalle, der dem „Hochwasserparteitag" von 1970 in Saarbrücken folgte, auf dem Erhard Eppler die Parole von der Verbreiterung des öffentlichen Korridors ausgegeben hat und Karl Schiller die Warnung sprach: „Genossen, laßt die Tassen im Schrank!" Es hat nichts geholfen. Inzwischen ist die Entwicklung fast dreißig Jahre lang in die falsche Richtung gegangen. Ich glaube nicht, daß sich die Umkehr noch weiter verzögern läßt.

Eine Wahlrechtsreform würde viele Probleme lösen

Dr. Fritz Ullrich Fack

Wer hat die Courage, wieder auf den Weg zur Marktwirtschaft einzuschwenken? Herr Watrin hat zuvor gefragt: Werden Änderungen in unserer Gesellschaft eigentlich noch akzeptiert? Von Herrn Merz haben wir Zweifel daran gehört, ob die Politik überhaupt noch entscheidungsfähig ist. Das alles klingt sehr schlimm. Aber es gibt einen Lichtblick. Es gibt nämlich ein Land, das in den letzten Jahren gezeigt hat, wie man eine solche Umsteuerung vornimmt. Dieses Land liegt am Ende der Welt; es heißt Neuseeland.

Anfang der achtziger Jahre war Neuseeland in eine äußerst kritische Situation geraten. Es hatte hohe Staatsschulden, galoppierende Inflation, Arbeitslosigkeit von über zwölf Prozent. In dieser Situation beschloß die neu gewählte Labour-Regierung mit dem Premier David Lange und dem Finanzminister Roger Douglas eine grundsätzliche Reform. Zunächst wurden – das steht einer linken Regierung zu – die Subventionen gestrichen, die vor allen Dingen an die Agrarwirtschaft flossen. Das geschah von einem Tag zum anderen und ohne Ausnahme. In Deutschland würde man vermuten, daß daraufhin Hunderttausende von Landwirten eingegangen sind. Tatsächlich haben laut einem OECD-Bericht nicht einmal ein Prozent der Farmer aufgegeben. Die Farmer haben sich auf eigene Füße gestellt und in Neuseeland eine florierende Landwirtschaft errichtet.

Die Labour-Regierung hat eine Verschlankung des Staatsapparats eingeleitet. Sie setzte auf Leistung und Effizienz. Sie zwang die staatlichen Agenturen, Bilanzen aufzustellen und sich betriebswirtschaftlich zu verhalten, indem sie die Leiter von Regierungsagenturen mit fünfjährigen Verträgen ausstattete und ankündigte, die Verträge nicht zu verlängern, wenn die gesetzten Ziele nicht erreicht werden. Die Behördenleiter durften ihre Mitarbeiter nach dem gleichen Konzept aussuchen und beschäftigen. Auf diese Weise ist das neuseeländische Verkehrsministerium von 40 000 auf ungefähr 100 Mitarbeiter zusammengeschmolzen. Freilich wurde manches ausgegliedert, zum Beispiel in die Eisenbahn. Aber andere Ministerien und andere Staatsapparate sind auf ähnlich drastische Weise reduziert worden.

Die Neuseeländer haben unter dieser Reform zum Teil sehr gelitten, denn natürlich erhöhte sich zunächst die Arbeitslosigkeit. So kam es, daß 1989 die Konservativen die Wahlen gewannen und ans Ruder kamen. Zum Entsetzen der Wähler haben sie aber nicht alles schnell wieder umgesteuert, vielmehr haben sie die Reformen konsequent fortgesetzt, allerdings auf ihre Weise. Sie haben die andere Seite aufgegriffen: Sie haben die Arbeitsgesetze in die Luft gesprengt, die eine Zwangsmitgliedschaft bei Gewerkschaften verlangten, und den Flächentarif. Es wurde möglich, individuelle Arbeitsverträge zu schließen, und die Neuseeländer sind damit gut gefahren. Die Arbeitslosigkeit hat sich auf jetzt fünf Prozent vermindert. Die Inflationsrate ist ebenfalls drastisch gesunken. Die Staatsdefizite sind zurückgegangen. Die konservative Regierung hat eine umfangreiche Privatisierungskampagne eingeleitet. Sie hat das – wie man hierzulande sagen würde – staatliche Tafelsilber, von der Telecom bis zu den Eisenbahnen verkauft und auch dort Effizenz hergestellt.

Das Bruttosozialprodukt wächst mit fünf bis sechs Prozent jährlich – von solchen Wachstumsraten kann man hierzulande nur träumen. Die Staatsverschuldung ist von über 60 auf 34 Prozent des Bruttoinlandsprodukts zurückgegangen. Das Drei-Prozent-Limit bei der jährlichen Neuverschuldung, das uns im Hinblick auf die Europäische Währungsunion so beunruhigt, unterbietet Neuseeland mühelos. In den Statistiken der OECD, in denen Neuseeland von 36 untersuchten Staaten früher immer die letzte Stelle einnahm, steht es heute an erster Stelle. Man sieht: Es ist durchaus möglich, fast unglaubliche Leistungen zu vollbringen. Ein Land muß sich nur dazu aufraffen.

Ich muß allerdings hinzufügen: Neuseeland hat ein Mehrheitswahlrecht, das kräftige Wahlschübe bewirkt und stabile Regierungen hervorbringt, die in eigenem Namen und auf eigene Rechnung grundsätzliche Umsteuerungen vornehmen können.

Viele Leute sagen, in Neuseeland wurden Reformen mit dem Holzhammer durchgeführt. Man hätte nicht in so brutaler Weise vorgehen müssen. Zwar habe das Land von den Reformen enorm profitiert, zwar würden heute aus aller Welt Politiker und Wissenschaftler nach Auckland fliegen, um die Verhältnisse zu studieren, aber ganz so radikale Reformen seien doch nicht erforderlich gewesen. Man meint, es reiche aus, wenn der institutionelle Rahmen ein bißchen stimmt, wenn die Parteien sich etwas aufeinander zubewegen, wenn nicht gar so viele Hindernisse bestehen. Im übrigen müsse man für grundlegende Reformen zunächst einmal die Zustimmung des Volkes erringen, und diese lasse sich nicht von einem zum anderen Tag gewinnen. Für mich sind das alles bloße Ausreden und Rechtfertigungen, um das Unbequeme nicht tun zu müssen. Darüber hinaus glaube ich, daß es gerade die Halbheiten und faulen Kompromisse sind, die wieder und wieder diskutiert werden und die vom Handeln abhalten. Ein in sich stimmiges Konzept läßt sich in der Politik leichter vertreten und durchsetzen, als viele Politiker meinen. Das vor allem lehrt der Blick an das Ende der Welt, nach Neuseeland.

Die Politik braucht wenige, aber klare Leitlinien

Prof. Dr. Rainer Klump

Bei allem Lob, das man den Politikern in Neuseeland, und übrigens auch den Politikern in den Niederlanden, zollen muß: Es handelt sich hier um relativ kleine und relativ homogene Volkswirtschaften. Die Aufgabe, die sich in der Bundesrepublik stellt, ist ungleich schwieriger. Um so nötiger ist der Aspekt der Glaubwürdigkeit, wenn Reformen angekündigt werden. Herr Steves hat beschrieben, welche Rolle die Kommunikation für Erhards Politik gespielt hat. Ich denke, Erhards Einfluß auf die öffentliche Meinung war unabhängig von der damals herrschenden Medienlandschaft. Er hätte für seine Politik auch heute Zuspruch gefunden, denn Erhards Erfolg gründete sich darauf, daß man immer relativ genau wußte, was man von Erhard zu halten hatte. Erhard stand für einige wenige, dafür aber um so deutlicher formulierte ordnungspolitische Grundsätze. Herr Schlecht hat einmal erzählt, daß dieses Phänomen beispielsweise dazu geführt hat, daß in interministeriellen Gremien die Abteilungsleiter des Wirtschaftsministeriums immer genau wußten, was der Wirtschaftsminister wollte, selbst wenn er gar keine konkreten Angaben gemacht hatte. Diese Glaubwürdigkeit fehlt heute.

Natürlich gibt es auch heute ein Gesamtkonzept für die Wirtschaftspolitik. Das ist beispielsweise im Stabilitäts- und Wachstumsgesetz festgelegt. Dieses Gesetz zwingt den Wirtschaftsminister, jedes Jahr quantifizierte Zielvorgaben für wirtschaftspolitische Ziele vorzulegen. Aber es ist von Anfang an klar, daß diese Ziele nicht eingehalten werden können. Das schafft natürlich keine Glaubwürdigkeit. Ich denke also, es kommt darauf an, wieder relativ klare Leitlinien zu entwickeln. Diese müssen durchaus nicht quantifiziert werden, wie man zu Ende der sechziger Jahre noch dachte. Glaubwürdigkeit in der Wirtschaftspolitik beruht vielmehr auf qualitativen ordnungspolitischen Zielvorgaben.

Herr Mosdorf hat sich über die Debatten in der Wissenschaft und über den Streit zwischen Keynesianern und Monetaristen mokiert. Die Wissenschaft ist da inzwischen doch sehr viel weitergekommen. Aber das hat sich noch nicht in einer Neuformulierung der Grundlagen unserer Wirtschaftspolitik niedergeschlagen. Wir leben immer noch unter dem keynesianisch geprägten Stabilitäts- und Wachstumsgesetz. Keiner scheint damit zufrieden zu sein. Trotzdem wird es nicht geändert.

Leitlinien können ein politisches Programm nicht ersetzen

Siegmar Mosdorf

Stichwort Vertrauen und Kommunikation: Ich habe die große Freude, der Enquêtekommission vorzusitzen, die sich mit dem Thema beschäftigt, wie Deutschlands Weg in die Informationsgesellschaft aussieht. Kommunikation spielt in einer Informationsgesellschaft natürlich eine große Rolle. Man darf nicht meinen, Informationsgesellschaft hieße informierte Gesellschaft. Das ist ein weit verbreiteter Irrtum. Meine These ist, daß wir in der Informationsgesellschaft so viele Informationen haben, daß es entscheidend darauf ankommt, sie auszuwerten, sie zu bewerten, sie einzuordnen. Und da spielen Kommunikatoren eine große Rolle.

Das war nun wirklich eine der großen Stärken von Ludwig Erhard, und zwar durch sein persönliches Auftreten und die Philosophie, die er verkörpert hat. Heute ist das anders. Jetzt, in der Phase einer schweren Krise, werden immer wieder Unzuverlässigkeiten sichtbar. Die Bevölkerung zweifelt an der Glaubwürdigkeit von Politikern, und sie hat Grund dazu. Da wird hinter den Kulissen geschoben und gemauschelt. Da besucht der Bundesminister der Finanzen am Tag der Veröffentlichung der Steuerschätzung per Hubschrauber die Bundesbank in Frankfurt. Da versucht der Bundesminister für Wirtschaft den Jahreswirtschaftsbericht so hinzupfriemeln, daß er den Haushaltserwartungen des Finanzministers entspricht. Das sind Sachverhalte, die wie gemacht sind für Fernsehen und Presse. Wenn aber über Politik erst einmal in den Medien spekuliert wird, dann muß man sich nicht wundern, daß Glaubwürdigkeitslücken entstehen. Die Leute werden unsicher; sie wissen nicht, was eigentlich los ist.

Sie brauchen sich doch nur die heutigen Agenturmeldungen anzusehen. Eine ganze Menge von CSU-Abgeordneten im Deutschen Bundestag erklärt heute: Das Maastricht-Kriterium heißt 3,0, kein Hundertstel mehr. Graf Lambsdorff sagt aber: Auch 3,3 Prozent wären noch vertragsgemäß. Ein anderes Beispiel: Die Regierung hat ein großes Steuersenkungsprogramm angekündigt. Ich habe in meiner Partei für ein hinreichendes, aber realistisches Steuersenkungsprogramm gekämpft. Wir hatten schwierige Diskussionen, aber wir haben jetzt ein Konzept vorgelegt, das eine Nettoentlastung von mindestens 7,5 Milliarden DM pro Jahr vorsieht. Man kann über Einzelheiten reden. Aber jetzt sollen offensichtlich die Steuern überhaupt nicht gesenkt werden, vielmehr soll die Bemessungsgrundlage erweitert werden, damit wir 1998 den Haushalt noch finanzieren können. Das ist eine Steuererhöhung, die unter falschem Etikett verkauft werden soll. Da geht doch alles völlig durcheinander. Die Wirtschaft weiß nicht mehr, was sie tun soll. Und das ist – um es ganz zurückhaltend zu formulieren – nicht gut für eine kontinuierliche und nachhaltige Entwicklung.

Ich teile die Auffassungen, die zur Globalisierung vorgetragen wurden. Man muß immer wieder klar sagen: Das war auch Erhards Linie. Erhard war nicht der Vertreter des liberalistischen Freibeutertums. Er hat sich für die sozial verantwortete Marktwirtschaft eingesetzt. Dabei hat er betont, daß das Individuum zur Geltung kommen muß. Es wäre vielleicht besser, wenn wir nicht vom Wirtschaftsliberalismus reden würden, sondern vom Wirtschaftsindividualismus. Ich bin überzeugt, daß dieser Individualismus an Bedeutung gewinnen wird. Wir brauchen mehr Selbständige, mehr Existenzgründer; wir brauchen generell eine Renaissance der Selbständigkeit.

Wir müssen im Bereich der Globalisierung zwei Dinge voranbringen und dürfen uns dabei nicht durch laufende Schwierigkeiten irritieren lassen. Das eine ist: Wir brauchen eine gemeinsame europäische Währung. Das ist ein wichtiger Punkt und eine richtige Antwort auf die Globalisierung. In den letzten Jahren haben Währungsschwankungen der Industrie manche Absatz- und Gewinnchance ruiniert. Auch der Einkauf von Rohstoffen war vielfach durch die Währungskonstellation bedingt und nicht durch betriebliche Erfordernisse. Wir brauchen eine gemeinsame europäische Währung, und zwar eine starke Währung, und wir müssen alles tun, damit sie zustande kommt.

Der zweite Punkt ist: Wir müssen unser Verhältnis zu den Entwicklungsländern neu ordnen. Über Jahrzehnte hinweg haben die OECD-Volkswirtschaften und Gesellschaften für Freihandel plädiert. Die Industrieländer wollten freien, die Entwicklungsländer fairen Handel. Heute ist das anders: Die OECD-Länder wollen „fair trade", die Entwicklungsländer engagieren sich für „free trade". Das ist eine völlig andere Situation, und wir müssen auf vernünftige Weise versuchen, zu neuen Spielregeln zu kommen.

Das ist in erster Linie eine Frage des Urheberrechts. In einer Welt, in der jedes Produkt an jedem Ort fast in gleicher Qualität produziert werden kann – das ist das Phänomen der Globalisierung –, müssen wir auf die Urheberrechte größten Wert legen. Diese Urheberrechtsfrage ist heute nicht mehr die Überlebensfrage einer kleinen Gruppe – von Autoren oder Komponisten –, sondern die Überlebensfrage ganzer Volkswirtschaften. Urheberrecht ist heute eine Schlüsselvoraussetzung dafür, daß man wettbewerbsfähig ist. Es geht also um Ideenreichtum, um Erfindungen, aber ebenso um die nächste Stufe, um Patente und Urheberschutz.

Im Hinblick auf den freien und fairen Welthandel gibt es noch weitaus Schwierigeres. Wenn heute in China eine Million Strafgefangene zum Nulltarif Textilien produzieren, wenn diese Textilien dann über verschiedene Zwischenstationen auf unseren Markt kommen, dann brauchen wir uns gar nicht mehr über Rahmenbedingungen in Deutschland und über Probleme zu unterhalten, die die Textilindustrie hierzulande plagen. Solchen

Importen gegenüber kann niemand konkurrenzfähig sein. Das sind Dinge, über die wir – und zwar auch mit dem ganzen Gewicht der drittgrößten Volkswirtschaft der Welt – ernsthaft reden müssen. Ich weiß, daß hier in den letzten Jahren viel versäumt wurde. Ich will aber nicht unterschlagen, daß auch mancherlei gute und richtige Dinge getan wurden und werden. Bleiben wir beim Beispiel der Textilindustrie. Kairo ist ein wichtiger Markt für Textilien, und so hat sich der wichtigste Teil der nordafrikanischen Textilindustrie in der Region um Kairo angesiedelt. Jahrelang hat die ägyptische Textilindustrie ihre Farbrückstände in den Nil geleitet, und wir haben im Mittelmeer gebadet. Jetzt hat das Forschungsministerium ein Projekt finanziert, um der Textilindustrie in Kairo ein Recyclingkonzept nahezubringen. Das ist etwas, das ich sehr unterstütze. Ich finde solche Hilfsprojekte nämlich mindestens so wichtig, wie die Absicht, relativ abstrakte Umweltstandards in irgendwelche Resolutionen zu schreiben. Erstens werden damit wirkliche, und zwar nachhaltige Verbesserungen erzielt. Zweitens fördern wir dadurch auch unsere Wettbewerbschancen.

Nochmals:
Nur eine Änderung des Wahlrechts kann helfen

Prof. Dr. Christian Watrin

Die Herren Bundestagsabgeordneten beklagen zu Recht, daß unser politisches System nicht nur stagniert, sondern sich verhakt hat, so daß keine sinnvollen oder überhaupt keine Entscheidungen mehr gefällt werden. Die Diagnose ist sicherlich richtig. Wenn wir das weiterprojizieren, heißt das: Bis zur Bundestagswahl – und das sind noch 14, 15 oder 16 Monate – werden wir diese Klagen dauernd hören. Ich kann mir nicht vorstellen, eine solche Klageleier in den Vereinigten Staaten von Amerika über einen so langen Zeitraum hören zu müssen. Die Amerikaner würden vielmehr fragen: What can we do about it? Meine Frage lautet also: Warum wird bei uns nichts geändert? Man wird mir wahrscheinlich sagen: Das geht nicht, weil wir uns nicht einigen können. Schön, dann müssen eben die Regeln des politischen Spiels verändert werden. Der Deutsche Bundestag ist hier souverän. Er verfügt über die Verfassung der Bundesrepublik Deutschland, er kann sie mit Zweidrittel-Mehrheit ändern. Warum bringen Sie, wenn Sie sich nicht einigen können, keine Änderungsvorschläge vor das Volk, wie es die Schweizer machen? Warum überlegen Sie sich nicht, das Wahlrecht so abzuändern, daß stabile Mehrheiten entstehen. In Frankreich hat sich das bewährt. Warum haben wir angesichts einer Situation, in der unser politisches System als ganzes im öffentlichen Ansehen ruiniert zu werden droht, keine Diskussion über eine Änderung der Spielregeln? Wenn ich mit Freunden und Bekannten darüber spreche, dann höre ich immer Resignatives: „Ach, es hat doch gar keinen Zweck. Man kann sich über Politik nur aufregen, ändern können wir nichts." Warum aber müssen wir Spielregeln beibehalten, die offenbar nicht mehr sinnvoll und nicht mehr funktionsfähig sind? Warum müssen wir unter politischer Stagnation leiden?

Das Mehrheitswahlrecht wäre gewiß das beste, aber die Deutschen wollen es nicht

Friedrich Merz

Ich bin für diese deutlichen Worte dankbar. Ich habe bereits einige Hinweise gegeben, woran es liegen könnte, daß wir in eine so schwierige Situation geraten sind. Das Verhältnis von Bundestag und Bundesrat ist von den Vätern des Grundgesetzes nicht so konzipiert worden, wie es heute in Anspruch genommen wird. Und zum Wahlrecht kann ich nur wiederholen, was ich schon öfter gesagt habe: Ich bin und bleibe ein Anhänger des Mehrheitswahlrechtes in Deutschland. Das würde zu klaren Verhältnissen führen. Aber ich habe auch das Gefühl, das Volk würde, wenn wir eine solche Frage einer Volksabstimmung übertragen würden, das Mehrheitswahlrecht ablehnen. Die Gesellschaft in Deutschland hat ein hohes Konsensbedürfnis. Ihr sind die zweiten Parteien, die im selben Lager stehen – die Grünen bei der SPD, die FDP bei CDU/CSU –, wichtig. Sie sind eine Beruhigung, daß die Pendelschläge nicht zu deutlich in die eine oder in die andere Richtung gehen. Man will sich nicht klar für die eine oder die andere Richtung entscheiden, sondern sucht eine Art Konsens. Ich glaube deshalb nicht, daß das Mehrheitswahlrecht in Deutschland akzeptiert würde.

Wir befinden uns also in einer deprimierenden Situation. Und wir sind nicht in der Lage, die Spielräume zu erweitern. In den letzten Jahren haben wir vorhandene Spielräume künstlich verkleinert. Das ist die Realität. Nehmen Sie als Beispiel den Euro. Ich habe die Entwicklung der Wirtschafts- und Währungsunion im Europäischen Parlament miterlebt. Ich habe die Vorschläge gesehen, die von den damals zwölf Notenbankpräsidenten der Mitgliedstaaten als Satzung für die Europäische Zentralbank und für den Maastricht-Vertrag vorgelegt wurden. Dort waren die Kriterien formuliert, die in den Maastricht-Vertrag aufgenommen wurden. Die einzelnen Regierungen waren stolz auf das Erarbeitete; die Parlamente haben zugestimmt. Aber nun erklärt beispielsweise die deutsche Regierung: Der Maastricht-Vertrag ist gut, aber er ist nicht gut genug für das deutsche Volk. Wir müssen aus den dort genannten drei Prozent etwas Besseres, nämlich drei Komma null null machen. Das Ergebnis ist, daß jeder, der darauf hinweist, daß die Anwendung des Vertrags hinreicht, um eine stabile Europäische Währung zu bekommen, öffentlich als Weichmacher diffamiert wird. Es wird gesagt: Wir müssen drei Komma null null haben, sonst werden Tür und Tor für einen weichen Euro geöffnet. Was zu 100 Prozent aus Brüssel kommt, wird in Deutschland zu 150 Prozent. Wir engen die vorhandenen Spielräume künstlich ein. Ich könnte beliebig viele weitere Beispiele aufzählen.

Dieser Dogmatismus führt dann auch zu einer Verkümmerung der politischen Gremien. Es gibt kaum noch Gremien, in denen man Meinungen vertrauensvoll austauschen kann. So kommt es, daß in den Gremien eine Art Abgeordneten-Mikado stattfindet: Wer sich bewegt, scheidet aus.

Ich selbst mache da nicht mit. Ich habe einen Wahlkreis gewonnen und bin nicht davon abhängig, auf einen Listenplatz gesetzt zu werden. Ich will nicht auf die Liste, weil ich Anhänger des Mehrheitswahlrechtes bin. Darüber hinaus habe ich im Europäischen Parlament gesehen, daß beispielsweise die englischen

Kollegen, die nach dem Mehrheitswahlrecht gewählt worden sind, viel selbstbewußter waren. Das Mehrheitswahlsystem erzeugt Abgeordnete, die in erster Linie ihren Wahlkreisen verantwortlich sind und sich erst in zweiter Linie an den Vorgaben ihrer Partei orientieren. So könnte ein Parlament Entscheidungsfähigkeit – auch gegenüber der eigenen Regierung – zurückgewinnen.

Politik:
Die Kunst des Schönredens und Verschweigens?

Kurt Steves

Man kann also Hoffnung schöpfen: Im Deutschen Bundestag gibt es unabhängige Abgeordnete, und es gibt Wirtschaftspolitiker, die noch wissen, was Ordnungspolitik ist, und die einschätzen können, warum Ludwig Erhard mit so großer Vehemenz auf marktkonformen Maßnahmen bestanden hat.

Aber es gibt ein unheimliches Verdrängungspotential in der Politik. Ich möchte das mit einigen Zahlen belegen. Da hat das Bundesministerium für Wirtschaft am 27. Mai 1997 Zahlen über die im Jahr 1996 getätigten Auslandsinvestitionen veröffentlicht. Dabei wurde die verniedlichende Vokabel „Fehlsaldo von fast 38 Milliarden DM" verwendet. im Ausland wurden 38 Milliarden DM mehr investiert als in Deutschland. Das kann man eigentlich nur eine dramatische Fehlentwicklung nennen, und dies um so mehr, als das ja kein einmaliger Ausrutscher war. Schon 1990 fehlten 31 Milliarden DM, 1991 30 Milliarden, 1992 24 Milliarden und so weiter. 1995 waren es 52 Milliarden DM. Bei den ausländischen Direktinvestitionen in Deutschland hatten wir 1996 das schlechteste Ergebnis in der Geschichte der Bundesrepublik: Nur 1,1 Milliarden DM kamen ins Land. Wie dramatisch diese Entwicklung ist, sieht man vor allem an folgenden Zahlen: 1995 gab es 19 000 deutsche Unternehmen im Ausland, die mehr als zweieinhalb Millionen Menschen beschäftigten, darunter allein 2 365 deutsche Firmen in den USA mit 478 000 Mitarbeitern. Die Tendenz ist steigend.

Neben dem Schönreden schlimmer Fakten finde ich auch eine andere Tendenz besorgniserregend. Im jüngsten Jahresbericht der Bank für Internationalen Zahlungsausgleich wird das mit „Sorgen um Gedächtnisausfall" bezeichnet. Es gibt Anzeichen dafür, daß die anhaltend niedrigen Inflationsraten der vergangenen Jahre dazu veranlassen, bald wieder Nachfrage künstlich zu stimulieren. Aus der Erfahrung der sechziger und siebziger Jahre wissen wir jedoch mit Sicherheit, daß Inflation, exzessives Geldmengenwachstum und mangelnde finanzpolitische Disziplin zu vielerlei Fehleinschätzungen und Fehlentscheidungen in der Wirtschaft führen, aber kein Mittel sind, um strukturelle Probleme auf den Arbeitsmärkten zu bekämpfen. Es scheint aber, daß dieses Wissen – und zwar nicht nur unter der Stabsführung von Lionel Jospin – schon wieder vergessen ist: Gedächtnisausfall, Verdrängung, unzureichende Stabilitätskultur?

Zusammenfassung

Dr. Fritz Ullrich Fack

Die Befunde, zu denen wir heute gelangt sind, stimmen nicht optimistisch. Sie deuten vor allem in eine Richtung. Mit der Reformfähigkeit unseres Landes ist es nicht weit her. Unbestritten unter den Gelehrten und Fachleuten ist seit ungefähr zwei Jahren, daß einschneidende Reformen notwendig sind und daß andere Länder wie England, die Niederlande, Neuseeland und selbst Schweden mit seiner Ideologie des „Volksheims" den Deutschen in bezug auf den nötigen Umbau von Staat, Wohlfahrtseinrichtungen, Bürokratie und Steuersystem (um nur die wichtigsten Reformpunkte zu nennen) weit voraus sind. Der Vorsprung der anderen beträgt vier bis sechs Jahre und mehr. Die Chancen, auf kurze Sicht an den schlimmsten Folgen der deutschen Krankheit – der Arbeitslosigkeit von 4,5 Millionen Menschen – etwas Durchgreifendes zu ändern, stehen schlecht, trotz konjunktureller Auspizien, die im ganzen gut sind.

Die Tragik ist, daß ausgerechnet die Deutschen, die mit und unter Ludwig Erhard die Marktwirtschaft aufgebaut und das Freiheitsversprechen des Grundgesetzes auf wirtschaftlichem Felde eingelöst haben, sich von ihren früheren Idealen allmählich entfernen, nach staatlichen Heilmitteln rufen und auf die einst bewährte Hilfe zur Selbsthilfe immer weniger vertrauen.

Zudem wird von den sozialen Großorganisationen fast planmäßig der Irrtum gefördert, es genüge, am bestehenden Sozialsystem da und dort eine Schraube nachzujustieren. Ängstlich wird die Einsicht blockiert, daß die gesellschaftliche Krise ungewöhnlich tief geht und der aufgestaute Reformbedarf immens ist. Die Führungsschichten haben, gesteuert von einer gehörigen Portion Egoismus, mit wenigen Ausnahmen versagt. Es gilt als inopportun, bittere Wahrheiten auszusprechen.

Im Volke geht Angst um, und Angst ist ein schlechter Ratgeber. Sie verstärkt eher noch den vorhandenen Immobilismus. Die Politik reagiert widersprüchlich und lau. Unverdrossen füllt der Bundestag Gesetzesblätter, 1996 waren es wieder 2 000 Seiten, die Konvolute der Länder nicht gerechnet. Und auf soviel verfehlten Fleiß ist man auch noch stolz. Die Deregulierung macht hingegen nur winzige Fortschritte.

Soviel ist gewiß: Wenn die politische Unbeweglichkeit und der Mangel an Einsicht anhalten, wird Deutschland auf einen der hinteren Plätze in der Rangordnung der Industrienationen zurückfallen.

Denn: Die Globalisierung des Wettbewerbs zwischen den Volkswirtschaften und – ebenso wichtig – zwischen den organisatorischen Strukturen der Staaten ist im Zeitalter weltweiter Freizügigkeit und weltweiten Freihandels nicht mehr rückgängig zu machen. Dieser Situation müssen sich alle stellen.

Wer auf die Rezepte von gestern setzt, wie die Sozialdemokraten Jospin in Frankreich oder Lafontaine in Deutschland, wer der Chimäre eines internationalen Pakts über harmonisierte soziale Standards (und am besten gleich noch über harmonisierte Löhne) nachjagt, wer wieder auf makroökonomische Steuerungen wie in den Siebzigern oder auf die Ausweitung der staatlichen Schreibtische als Beschäftigungsquelle vertraut, der wird die Misere nur weiter vertiefen.

Denn er wird weder das Amerika Clintons noch das neue England des Tony Blair für solche Rückschritte gewinnen. Dazu ist deren sozialökonomische Position heute viel zu günstig. Sie haben alle Wettbewerbsvorteile auf ihrer Seite. Früher waren das die (West-)Deutschen, und sie hätten damals ihr erfolgreiches System auch nicht preisgegeben.

Was wir brauchen, hat der Bundespräsident unlängst mit der vom Amt gebotenen parteipolitischen Zurückhaltung, aber doch deutlich genug gesagt, jedenfalls für den, der zu hören vermag. Wir müssen uns als Nation endlich einen Ruck geben. Was dabei wirtschafts- und sozialpolitisch zu beachten ist, wo Erneuerungsbedarf auch bei der Sozialen Marktwirtschaft vorhanden ist, hat er heute hinzugefügt. Über die Notwendigkeit von Reformen ist lange genug geredet worden. Die ausländischen Beispiele sind eindrucksvoll. Was bei uns fehlt, sind Taten. Führung ist gefragt.

Wir brauchen nicht mehr, sondern weniger Staatsdiener. Wir brauchen nicht mehr, sondern weniger Gesetze. Wir brauchen nicht noch mehr Betüttelung, sondern weniger Staatsfürsorge. Wir brauchen eine geringere Staatsquote, deutlich niedrigere Steuern, eine nachhaltige Deregulierung im Alltag, mehr Mut zur Selbständigkeit und weniger sogenannte „Verteilungsgerechtigkeit", die am Ende nur graues Mittelmaß und dennoch (oder gerade deswegen) massenhaft Sozialneid erzeugt.

Wir brauchen im Gegenteil kräftige Prämien auf unternehmerischen Wagemut, auf Kreativität und Wettbewerbseinfälle, die Güter marktfähig und Dienstleistungen wertvoll machen. Beispiele gibt es genug, noch immer – zum Glück. Wir brauchen mehr Konstanz in den Rahmendaten von Wirtschaft und Gesellschaft, nicht jedes Jahr ein neues „Jahressteuergesetz".

Was bei uns wenig populär ist, ist eine nur scheinbar mitleidlose Maxime des so oft verspotteten „American way of life".

Sie heißt „we try harder". Sie findet dann Anwendung, wenn es schlechter geht, wenn der Wettbewerbsdruck steigt und der Pegel im Portemonnaie fällt. Bei uns zeitigen solche kritischen Situationen zumeist nur den ungenierten Rückgriff auf das weitgespannte und angenehm nachgiebige Netz des Sozialstaats. Und zwar auch bei denen, die nicht zu den Schwachen und Hilflosen der Gesellschaft gehören, denen unverändert die Solidarität einer zivilisierten Gesellschaft gebührt.

Auf einen gemeinsamen Nenner gebracht, heißt das: Es wird Zeit, sich auf die alten Werte zu besinnen. Ohne eine stringente Ordnungspolitik, ohne den Abschied vom „Maßnahmenstaat", der ständig interveniert statt nur die Regeln fürs Turnier vorzugeben (dieses aber streng zu beaufsichtigen), ohne das „try harder" und einige sozialpolitische Zumutungen, ohne Lohnzurückhaltung und mehr Vernunft der Tarifpartner, ohne Konfliktbereitschaft im wohlverstandenen Interesse des Gemeinwohls (wie sie viele Gemeinden derzeit aus schierer Geldnot praktizieren müssen) und ohne eine kräftige politische „Seelenmassage" in dieser Richtung wird es nicht gehen.

Vor allem wird kein neuer Optimismus entstehen, wie ihn Ludwig Erhard einer ganzen Halbnation einst einzuhauchen verstand. Wir haben allen Grund, uns heute an diesen klugen, weitsichtigen und in seinen Grundsätzen standfesten Mann zu erinnern. Er hätte mit Sicherheit nicht in die Kassen der Bundesbank zu greifen versucht, sondern er hat, wie erinnerlich, gegen viele Widerstände die Unabhängigkeit der deutschen Zentralbank verteidigt.

Er war wirklich einer der Großen der deutschen Politik. Der Maler Oskar Kokoschka, der ihn einst porträtierte, hat von ihm gesagt, er habe im zerstörten Deutschland aus Bettlern Menschen gemacht und die verlorene Menschenwürde der verachteten Deutschen wiederhergestellt. Eine wunderschöne Formel und eine überaus treffende Beobachtung.

Aus heutiger Sicht ist er mit seinen wirtschaftspolitischen Einsichten und ordnungspolitischen Grundsätzen in der Tat so etwas wie ein großer Unzeitgemäßer, wie ihn Hans-Peter Schwarz genannt hat. Vor der Geschichte bleibt er nach meinem Dafürhalten einer der erfolgreichsten und hartnäckigsten Streiter für das bonum commune, den dieses Land in jüngerer Zeit hervorgebracht hat. Daß er dem Lande heute fehlt, ist eine tägliche bittere Erfahrung.

Redner

Dr. Fritz Ullrich Fack, ehemals Mitherausgeber der Frankfurter Allgemeinen Zeitung, Stellvertretender Vorsitzender der Ludwig-Erhard-Stiftung.

Prof. Dr. Roman Herzog, Bundespräsident.

Prof. Dr. Rainer Klump, Inhaber des Ludwig-Erhard-Stiftungslehrstuhls für Wirtschaftspolitik an der Universität Ulm.

Friedrich Merz, MdB, Obmann im Finanzausschuß des Deutschen Bundestages für die CDU/CSU-Fraktion.

Siegmar Mosdorf, MdB, Mitglied des Wirtschaftsausschusses des Deutschen Bundestages, Vorsitzender der Enquêtekommission „Zukunft der Medien in Wirtschaft und Gesellschaft".

Prof. Dr. Otto Schlecht, Staatssekretär a.D., Vorsitzender der Ludwig-Erhard-Stiftung.

Kurt Steves, ehemals Korrespondent der Welt, später Geschäftsführer beim Bundesverband der Deutschen Industrie.

Prof. Dr. Christian Watrin, Institut für Wirtschaftspolitik an der Universität zu Köln.

Personen- und Sachregister

Schriften der Ludwig-Erhard-Stiftung

Wirtschaftliche und soziale Ausgestaltung der deutschen Einheit
Mit Beiträgen von: Gerhard Schröder · Otto Schlecht · Ernst Helmstädter · Helmut Hesse · Bernhard Molitor · Hans-Peter Mayer · Helmold Biehl u.a.
Krefeld 1993 · 80 Seiten · Paperback · DM 14,80 · ISBN 3–88289–401–6

Erfahrungen und Erkenntnisse beim Übergang Ungarns zur Marktwirtschaft
Erstes Ungarisch-Deutsches Wirtschaftssymposion
Krefeld 1993 · 80 Seiten · Paperback · DM 14,80 · ISBN 3–88289–402–4

Umbau der Sozialsysteme
Mit Beiträgen von: Otto Schlecht · Josef Düllings · Heinrich Frommknecht · Walter Kannengießer · Rudolf Kolb · Gerhard A. Ritter u.a.
Krefeld 1994 · 160 Seiten · Paperback · DM 20,– · ISBN 3–88289–404–0

Arbeitsmarkt und Beschäftigung
Mit Beiträgen von: Otto Schlecht · Klaus Adomeit · Josef Siegers u.a.
Krefeld 1995 · 96 Seiten · Paperback · DM 16,80 · ISBN 3–88289–406–7

Wirtschaftsordnung als Aufgabe
Mit Beiträgen von: Kurt Biedenkopf · Ernst-Joachim Mestmäcker · Wernhard Möschel · Knut Wolfgang Nörr · Dieter Reuter · Otto Schlecht
Krefeld 1995 · 144 Seiten · Paperback · DM 18,80 · ISBN 3–88289–407–5

Wirtschaftspolitik nach der deutschen Vereinigung
Mit Beiträgen von: Gerhard Fels · Herbert Hax · Otmar Issing · Otto Schlecht · Joachim Starbatty · Hans Willgerodt · Christian Watrin
Krefeld 1996 · 128 Seiten · Paperback · DM 18,80 · ISBN 3–88289–408–3

Der Sozialstaat vor dem Offenbarungseid?
Mit Beiträgen von: Otto Schlecht · Jürgen Husmann · Anton Rauscher u.a.
Krefeld 1996 · 80 Seiten · Paperback · DM 14,80 · ISBN 3–88289–409–1

Negative Einkommensteuer: Gibt es pragmatische Lösungen?
Mit Beiträgen von: Otto Schlecht · Ulrich van Suntum · Joachim Mitschke
Krefeld 1996 · 112 Seiten · Paperback · DM 18,80 · ISBN 3-88289-410-5

Die Erweiterung der EU nach Osten
Mit Beiträgen von: Otto Schlecht · Christian Watrin · Johann Eekhoff u.a.
Krefeld 1997 · 160 Seiten · Paperback · DM 20,– · ISBN 3-88289-411-3

Zwischenbilanz und neue Anforderungen beim Übergang Ungarns zur Marktwirtschaft
Zweites Ungarisch-Deutsches Wirtschaftssymposion
Krefeld 1997 · 120 Seiten · Paperback · DM 18,80 · ISBN 3-88189-412-1

SINUS SINUS-Verlag GmbH
Albrechtplatz 17 · 47799 Krefeld